Ein Jahr ist der Philosoph Wolfram Eilenberger vor Ort in Mülheim an der Ruhr. Seine dortige Mission: das Ruhrgebiet verstehen, gar lieben lernen. Aber wie eine Region lieben, die sich selbst oft missversteht? Auf keiner Landkarte verzeichnet, in keinem Register vermerkt, in keinem Kunstwerk verewigt, ist das Ruhrgebiet bis heute auf der Suche nach sich selbst. Irgendwo zwischen Kumpel und Kohlen, Stadien und Halden, Brachen und Lachen, bleibt er also zu bergen: der Schatz eines Reviers, das aus mehr bestehen will als nostalgischer Rückschau.

WOLFRAM EILENBERGER, geboren 1972, war langjähriger Chefredakteur des Philosophie Magazins, ist ZEIT-Kolumnist, moderiert die Sternstunde Philosophie im Schweizer Fernsehen und ist Programmleiter der phil.cologne. In zahlreichen Talkshow- Auftritten im Deutschen Fernsehen gibt er der Philosophie eine Stimme und ein Gesicht. Sein Buch »Zeit der Zauberer« stand monatelang auf der Spiegel-Bestsellerliste und wurde 2018 mit dem Bayerischen Buchpreis ausgezeichnet. Zuletzt erschien sein Bestseller »Feuer der Freiheit«.

WOLFRAM
EILENBERGER

DAS RUHRGEBIET

VERSUCH EINER LIEBESERKLÄRUNG

TROPEN SACHBUCH

Zweite Auflage, 2022

Tropen
www.tropen.de

Umschlaggestaltung: Zero-Media.net, München
Foto: © plainpicture/Kniel Synnatzschke
Gesetzt in den Tropen Studios, Leipzig
Gedruckt und gebunden von CPI – Clausen & Bosse, Leck
ISBN 978-3-608-50507-8
E-Book: ISBN 978-3-608-11707-3

Bibliografische Information der Deutschen Nationalbibliothek:
Die Deutsche Nationalbibliothek verzeichnet diese Publikation in der Deutschen Nationalbibliografie; detaillierte bibliografische Daten sind im Internet über http://dnb.d-nb.de abrufbar.

INHALT

Denn nie wird eine Handlung ausgeführt,
wenn die Beweggründe fehlen, die imstande sind,
die unerlässliche Energie dafür zu liefern.

SIMONE WEIL, DIE VERWURZELUNG

Kein Arsch in der Hose, aber La Paloma pfeifen.

REDENSART DES REVIERS

I HÖMMA, SOMMA NOMMA?

ABWÄRTS

Alles Erkennen ist Erinnern. Doch wie sich an einen Ort erinnern, an dem man nie war?

Gut eine Fahrstunde südwestlich der Porta Westfalica – die Überlebensschlacht mit den Kleintransportern Osteuropas ist lang geschlagen – geht es noch immer leicht bergab. Just an der Stelle, da der Blick sich befreiend weitet, ragt der Betonkessel eines Kraftwerks dampfend aus der Ebene. Und dann erscheint es, nicht autobahnblau, nicht bundeslandweiß, sondern erdbraun informativ: Deutschlands denkwürdigstes Straßenschild.

Unter der Strichsilhouette einer angedeuteten Skyline zwei Worte. Keine eingetragene Stadt oder Gemeinde wird hier angekündigt, keine historische Stätte, ja nicht einmal eine konkret benennbare Sehenswürdigkeit. Sondern etwas durch und durch Imaginäres. Das kompromissgestählte Artefakt Dutzender Ausschusssitzungen, Ursprung gewiss zahlloser innerparteilicher Fehden, zentrales Produkt einer millionenschweren Imagekampagne: »Metropole Ruhr«. Auf keiner Karte dieser Welt verzeichnet, in keiner Verwaltungsdatei vermerkt, in keinem Förderplan als solche erwähnt. Ein klassischer »Nicht-

Ort«. Oder, in vielleicht nicht allzu alten Worten: ein »U-Topos«. Nicht einmal Mama Google weiß, wie dorthin zu gelangen wäre.

Dennoch glaubt man, sofort zu erfassen, was gemeint ist. Zumal es konkrete Hilfen gibt. Gemäß dazugehöriger Premium-Website handelt es sich bei der »Metropole Ruhr« um eine

> einzigartige Mischung aus mehr als fünf Millionen Menschen und 53 Städten. Eine Mischung, die so in Europa nicht zu finden ist. Eine Mischung, die die Region zu einer der großen Metropolen des Kontinents macht, ... um eine Stadt der Städte.[1]

Ja, was denn nun? Merke: Jede Beschreibung ist eine Problembeschreibung.

Die mit der Wortfolge »Metropole Ruhr« verbundene Perplexität ist natürlich weder neu noch gelöst. Vielmehr begleitet sie besagtes Gebiet von dessen imaginärem Ursprung an.[2] Also seit mindestens 100 Jahren, als der Soziologe und Volkskundler Wilhelm Brepohl den Begriff des »Ruhrvolkes« ersann, um damit eine etwaige habituelle Eigenheit und regionale Selbstständigkeit des Menschenschlages zwischen Westfalen und dem Rheinland zu markieren. Nur zehn Jahre darauf, zu Ende der auch für das Ruhrgebiet – oder zumindest dessen Barone – Goldenen Zwanziger Jahre, wies der Publizist Erik Reger auf die bleibende

Problemlage hin, die betreffende Region und deren Menschen auf einen Begriff zu bringen:

> Die Ruhr ist jung und unbekannt ... ein von hundert widersprüchlichen Fluchtlinienfestsetzungen ineinander geschachteltes Straßendickicht, ein von widersprüchlichen Ideologien überschwemmtes und von den Heuschreckenschwärmen sogenannter Kulturträger heimgesuchtes Menschenmaterial. Viele sprechen davon, wenige haben es gesehen, keiner hat es durchschaut.[3]

Wie ein spätes Echo auf Reger wird Heinrich Böll seinen Essay »Im Ruhrgebiet« im Jahre 1958 dann mit den Sätzen beginnen:

> Das Ruhrgebiet ist noch nicht entdeckt worden: die Provinz, die diesen Namen trägt, weil man keinen anderen für sie fand, ist weder in ihren Grenzen noch in ihrer Gestalt genau zu bestimmen. Entdeckt ist das Ruhrgebiet noch nicht. Es bleibt Mystik oder Begriff und ist doch Heimat, so geliebt wie jede andere Heimat.[4]

So verstanden ist die Prägung »Metropole Ruhr« das vorläufig letzte Glied einer seit 100 Jahren währenden Unpässlichkeit. Das »Ruhrgebiet« ist ein sprachliches Zeichen ohne bestimmbaren Referenten. Und doch, wie Böll seinen ersten Paragrafen schließt, ein

Menschengebiet: »Heimat, so geliebt wie jede andere Heimat.«

HORIZONTE

Meine erste bewusste Erinnerung an das Ruhrgebiet ist ein Fernsehsketch von Adolf Tegtmeier. Wenn Tegtmeier auf dem Bildschirm erschien, rief meine Mutter verlässlich aus: »Den kann ich nicht verputzen!«

Mit klassisch schiefer Mundbeuge und ebenjener Schiebermütze, die, wer weiß schon genau wie und weshalb, über Bertolt Brecht und Willi Brandt zum Habitus-Marker des denkwilligen Proletariats geworden war, sitzt Tegtmeier in meiner Erinnerung mit Bierglas in einer Kneipe und – ja, wie darf man es nennen? – philosophiert: »Dieset Bier, zum Beispiel, allet Atome. Dat ganze Bier, nix als Atome.«

Ich erinnere mich – wohl im neunten Lebensjahre wird es gewesen sein – noch genau an den mit dieser Tegtmeier-These verbundenen Existenz-Schock. Vor allem an dessen letzte, da unüberbietbare Kränkung: Klar, es gab keinen Weihnachtsmann. Auch mein Leben würde irgendwann enden. Und ja, selbst die eigenen Eltern hatten Sex. Das alles war schon enttäuschend genug. Aber jetzt noch das: der Fernseher, der Hausdackel, Jesus Christus, mein Bewusstsein, all dies, in Wahrheit »nix als Atome«, zielblinde Materie? Das gesamte Sein, ein unentwegtes, sinnloses Aufeinanderprallen kleinster Partikel?

In der ersten Ruhrgebiets-Erinnerung meines Lebens wurde dann sofort umgeschaltet. Wie gesagt, meine Mutter konnte diesen Adolf nicht verputzen. Und auch derart gottlose Thesen und Fragen schätzte sie in unserem Hause nicht. Wir hatten also, will ich sagen, zu Beginn der achtziger Jahre keinen allzu guten Start, das Ruhrgebiet und ich.

EIN KIND MIT VIELEN NAMEN

Die Frage nach dem Sinn stellt sich bekanntlich erst, wenn der Sinn nicht mehr da ist. Die nach der Gegenwart, wenn die dazugehörige Zukunft fehlt. Die nach der Identität, wenn die alten Wege nicht mehr leiten. Das gilt für sämtliche menschlichen Bereiche und unterscheidet sie von allem anderen, was sonst noch aus Atomen bestehen mag. Von allem also, was damit zufrieden scheint, durch andere benannt zu werden, anstatt sich selbst zu bestimmen.

Forscht man ein wenig länger nach, erweist sich »Metropole Ruhr« als eine Marketing-Schöpfung des Jahres 2005. Es ist der aufgefrischte Nachfolger eines einst krachend gescheiterten Großprojekts, nämlich der infrastrukturellen Zusammenführung der Region zu einer einzigen »Ruhrstadt«, welches wiederum auf dem »Regionalverband Ruhr« auflehnt, dessen Ursprünge in die zwanziger Jahre zurückreichen, als die damals vier größten Städte des Gebiets – Essen, Dortmund, Duisburg und Bochum – zu einer Verwaltungseinheit zusammengefasst werden sollten. Nichts davon hat je wirklich gegriffen, weshalb wohl auch die Bezeichnung »Metropole Ruhr«, wie Wikipedia lakonisch kommentiert, »nicht in die Alltagssprache der Menschen einging«.[1]

Zumal die Alltagssprache ja bereits verschiedene, bestens verankerte Eigennamen zu bieten hatte und hat. Allen voran die geografisch nüchterne, wenn auch sachlich kaum gedeckte Bezeichnung »Ruhrgebiet« (sieht man auf die Karte, wäre »Emschergebiet« ebenso treffend). Nebst deren gängigsten Synonymen, also das männlich beinhebende »Revier« sowie das nach wie vor bestens sitzende, da zärtlich eigen-deprivierende, »Pott«.

Die Kosenamen offenbaren es. Was dem Ruhrgebiet, anders als fast allen Regionen Deutschlands, seine distinkte Identität verleiht, ist weder eine landschaftliche Prägung noch eine adelshistorische Tradition. Vielmehr handelt es sich als eingrenzbares Ergebnis menschlicher Vorstellungskraft um eine Region, die ihre kulturelle Existenz weitestgehend einer bestimmten Form des Arbeitens verdankt. Genauer gesagt, dem »Abbauen« und »Fördern«, dem »Schachten« und »Schichten«, dem »Bohren« und »Bergen«. Wäre die Identität des Ruhrgebiets am Ende eine selbst gegrabene Grube, in die es permanent zurückfällt, aus Scheu vor dem Licht eines neuen Tages?

Andererseits, was würde dieser Region, gerade jetzt, da die endgültig letzte Schicht des Reviers am

31.12.2018 gefahren wurde, mehr entsprechen, als sich im Angesicht seiner triefenden Abgründe und gebietsübergreifenden Aushöhlung der Aufgabe zu stellen, einen weiteren Anfang zu bergen? Einmal mehr als eine Art Modellregion hervorzutreten, die in ihrem mutigen Bergungsdrang etwas zutage fördert, dessen Bedeutung und Wert weit über die eigenen Grenzen hinaus wirkt?

DU-WEDAU

Über den eigenen Rand hinauszusehen, leicht macht es einem dieser Pott nicht. Bereits in der Anfahrt zeigt sich: Das real existierende Ruhrgebiet des Jahres 2020 ist eine Ebene, der jedes Gefühl von Weite abgeht. Wohl nichts hat dem Ruhrgebiet in den letzten Jahrzehnten mehr geschadet als die Zähigkeit seines Verkehrs. Sich an einem diesigen Herbsttag per Auto durch das Revier zu bewegen, gleicht der Erfahrung, durch ein 100-Kilometer-Becken Erbseneintopf zu tauchen. Ein frühes Gefühl der Verlorenheit stellt sich ein. Befeuert von Walter Benjamins Losung für den echten Flaneur und Stadtschreiber:

> Sich in einer Stadt nicht zurechtzufinden, heißt nicht viel. In einer Stadt sich aber zu verirren, wie man sich in einem Wald verirrt, braucht Schulung. Da müssen die Straßennamen zu dem Irrenden sprechen wie das Knacken trockner Reiser.[1]

Und tatsächlich, nach mehr als sieben Stunden, das Navi ermuntert zum Spurwechsel, ein erstes sprechendes Zeichen, ja, mehr als das, eine unheimlich persönliche Ansprache. Das betreffende Autobahnausfahrtsschild lockt mit einem: »DU-Wedau«.

Duisburg-Wedau, Ort meiner frühesten Träume, Mutter aller jugendlichen Ziele!

Damals wie noch heute treffen sich die besten JahrgangsfußballerInnen in der Sportschule Duisburg-Wedau, um dort mit ihren Landesauswahlen Sichtungsturniere für die jeweiligen Jugendnationalmannschaften zu bestreiten. Die mittelrheinische Auswahl trifft auf die aus Oberbayern, die hessische auf die nordbadische ... weshalb diesem Ort in den Herzen von Millionen junger Sportler bis heute eine geradezu mythische Bedeutung zukommt. So auch einst bei einem 14-jährigen Kreisauswahl-Linksaußen auf den Sportplätzen der Sporthochschule Schöneck bei Karlsruhe.

Was ein süddeutscher Pubertierender der späten achtziger Jahre darüber hinaus Anziehendes mit dem Ruhrgebiet verband? Ich wüsste es beim besten Willen nicht zu gestehen. In der Vorstellungswelt der Meinen war das Ruhrgebiet vor allem ein Ort, an dem man um keinen Preis leben wollte. An dem nichts lockte. Der nichts versprach. Alles, wofür dieses Gebiet stand – und, soweit bekannt, stehen wollte –, stand windschief zu den Aspirationen einer Reihenhausjugend in einer badischen Beamtenvorstadt: von den traditionsbeschämten Fußballvereinen zu den traditionsfreien Universitäten, von der einschlägigen Automarke (Opel) zum Politikverständnis (Gewerkschafts-SPD). Bereits der Klang dortiger Städtenamen hatte etwas von chronischen Atemwegserkrankungen: Bottrop, Castrop-Rauxel, Herne, Moers.

Unter den Meinen war das Ruhrgebiet Synonym für sozialen Abstieg und nachhaltiges Losertum. Wir hingegen fühlten uns aus tiefstem Inneren zu Höherem berufen. Das Wort »neoliberal« benutzte damals zwar noch keiner, die damit verbundenen Aspirationshorizonte waren aber bereits fest verankert. Das Ruhrgebiet hatte darin allenfalls den Platz einer Kontrastfolie.

Nach Wedau schaffte ich es übrigens nie. Und auch heute, am Tag der Anreise, führt der letzte Abzweig in die andere Richtung. Tiefer in den Forst hinein, nach Mülheim-Uhlenhorst, ins saturierte Ruhr-Randgebiet, von wo aus alle Wege nach Düsseldorf weisen. Nur noch wenige Hundert Meter. Der Trend geht zum Drittauto. Überparkte Spielstraßen. Selbstbewusste Kleinkinder auf Stützrädern. Augen und Jalousien. Die Neugier der Ereignisbefreiten.

Zur Begrüßung zwei Flaschen Wein auf dem Esstisch. Fast eine Heimkehr.

KÜNSTLICHE PARADIESE

Eine erste Begehung ergibt: Irgendwann ab Ende der achtziger Jahre hat hier jemand richtig Geld in die Hand genommen. Und viel Gutes gewollt. Die Kellersauna finnisch, der Garten japanisch, die tragenden Marmorsäulen dorisch, die Treppe hinauf eine integrierte, zweistöckige Rotundenbibliothek samt Humidor im holzverkleideten Biedermeier. Ansonsten aber wird das Haus von kaltem Marmor regiert, »straight outta München-Bogenhausen«, aus der Zeit, als Derrick dort noch ermittelte.

Die Decke des kathedralgleichen Wohnzimmers reicht bis in den dritten Stock, schwindlig eng hingegen die gusseisernen Wendeltreppen. Nichts in dieser einstigen Doppelhaushälfte gehorcht menschlichen Maßstäben oder auch nur Bedürfnissen. Nichts fügt sich wirklich. Gerade so, als sei diese Behausung zu keinem anderen Zweck einem Strukturwandel unterworfen worden als dem, die mannigfachen Fährnisse solch eines Unterfangens zu bezeugen.

Im zweiten Stock führt die Spiegeltür vom engeckigen Schlafzimmer in ein weiß gekacheltes Badezimmer. An Decke und Wand römisch gehaltene Lustfresken. Als Status-Zentrum fungiert dabei eine kreisförmige Badewanne, wie man sie sonst nur in den Rotlichtreportagen auf RTL2 zu sehen bekommt. Welcher Phantast sie einst freudig bestellt, vor allem aber, welcher hiesige Handwerksgeselle sie einst kopfschüttelnd eingesetzt haben mag? Vielleicht ein Schelmenroman. Erst mal anbaden.

FRÜHE FÜHLUNG

Nach einer halben Stunde ist die überdimensionierte Wanne kaum zu einem Drittel gefüllt. Das Wasser darin bestenfalls lauwarm, derweil die Zuflüsse aus den silbernen Hähnen immer spärlicher werden. Eine Allegorie von fast unheimlicher Bündigkeit: Riesig ist der Pott, knapp und immer knapper indes seine Mittel. Wie, wenn überhaupt, kann das gut ausgehen? Oder verhält es sich gar so, dass es dieses sogenannte Ruhrgebiet in Wahrheit schon lange nicht mehr gibt, allein noch sein Name existiert, jedoch nichts mehr, was diesen noch eigentlich füllt und wärmt? Womit jedes Ansinnen, es von Neuem zu beschwören, also dem zweifelhaften Bestreben gliche, einen bereits seit mehr als Jahrzehnten verwesenden Leichnam zurück in die Existenz zu hauchen.

Oder wenn es mit diesem Revier gar noch schlimmer stünde und das Einzige, was zur Bestimmung von dessen Identität im Jahre 2020 noch taugte, eben jene Art von Aufgaben wäre, für die es wesensgemäß keine abschließende Lösung geben kann? Wenn es sich also als genauso unmöglich zeigte, diesen Pott von oben wieder zu füllen, wie ihn von unten schützend abzupumpen?

Über den zuchttauglichen Gartenteich des Anwesens führt eine geländerlose Holzbrücke zu einer Buddha-Statue in Lebensgröße. Zwei feuchte Hände auf blank polierter Marmorglatze. Das wird es werden, mein metropoles Morgenritual: Fühl die Kräfte des Erleuchteten. Seine Philosophie heißt Freundlichkeit. Lächeln im Angesicht des ewigen Vergehens. Hinter jedem Sein lauert ein Schein. So wie in jedem wahren Moment die Erlösung. Leben heißt streben, also leiden.

Kein Koi, nirgends. Nur ein mitgereister Berliner Rauhaardackel, der einem fauchenden Kater sein Paradies streitig macht. Der Kampf um die Zukunft dieses Reviers, er hat begonnen.

OHNE LEITER

Soweit es wahrhaft prophetische Momente seines Werdens betrifft, gibt es für das Ruhrgebiet übrigens kein eindrücklicheres Dokument als Erika Runges »Bottroper Protokolle« aus dem Jahre 1968. Während ihrer Arbeit an dieser literarischen Dokumentation hatte Runge im November 1966 die Betriebsversammlung der Bottroper Zeche Möller / Rheinbaben protokolliert, deren Stilllegung nur wenige Tage vor dieser Versammlung vom Hauptvorstand der Hibernia – als einer damaligen Tochter der VEBA – beschlossen worden war.

Im Rahmen dessen, was gemeinhin unter dem Begriff »Strukturwandel« gefasst wird, markieren die

Jahre von 1966 bis 1968 für das Ruhrgebiet einen tiefen Einschnitt. Im Vergleich zum Jahr der ersten Kohleabsatzkrise der Nachkriegszeit im Jahre 1958 hatte sich die Gesamtzahl der im Bergbau beschäftigten Ruhr-Kumpel zehn Jahre später bereits mehr als halbiert (von ca. 600 000 auf deutlich weniger als 300 000). Zum einen wurde die Kohle als Energieträger unaufhaltsam vom Erdöl verdrängt. Zum anderen konnte der Kohleabbau im Ruhrgebiet nicht zu auf dem Weltmarkt konkurrenzfähigen Preisen vollzogen werden. Bereits damals war die eigentliche Frage bei klarer Sicht also allein, wann und in welcher Form der heimatliche Steinkohleabbau sein Ende finden würde. Eine weltweite Freihandelsdynamik, nur wenige nannten sie damals Globalisierung, bedrohte die Existenz- und Sinngrundlage einer ganzen Region. Mochte der Ruhr-Komplex aus Kohle-Eisen-Stahl auch die energetische Leiter gewesen sein, auf der die Nachkriegsrepublik Sprosse um Sprosse emporgestiegen war, so galt es nun, ebendiese Leiter, wenn schon nicht direkt von sich zu stoßen, so doch sie kontrolliert wieder einzufahren und schließlich abzustellen.

HÖRT DIE SIGNALE

Auch der damalige Betriebsratsvorsitzende der Schachtanlage Möller / Rheinbaben, Protokollantin Runge stellt ihn als August S. vor, begriff dies klar.

Versah seine Einsicht gegenüber den Kumpeln zu Beginn der Versammlung indes mit einer grundsätzlich anderen Bewertung:

> In allen europäischen Ländern bemüht man sich, die heimische Energie zu erhalten. Und Bergbau-Experten aus Belgien, aus Frankreich, aus den Niederlanden oder auch aus England würden sich die Finger ablecken nach einer so modernen und leistungsstarken Schachtanlage wie Möller / Rheinbaben. Nur bei uns in der Bundesrepublik glaubt man nach wie vor, hier für Öl und sogar für ausländische Kohle einen Naturschutzpark errichten zu müssen.[1]

Die energiewirtschaftlichen und damit politischen Bruchstellen kommender Jahrzehnte in zwei Sätzen: Protektionismus versus Freihandel, Binnenmarkt oder Weltmarkt, Vernetzung oder Autarkie, sowie bald auch: Keynesianismus gegen Monetarismus. Selbst der Begriff des »Naturschutzparks« kommt schon vor, wenn auch nur im Sinne einer ironischen Abwehr. Für den Gedanken, zahlreiche der bedrohten Zechen tatsächlich in Naturschutzprojekte umzuwandeln, fehlte Betriebsrat August S. damals noch die entsprechende Vorstellungskraft. Und nicht nur ihm.

Was die Kumpel und Betriebsräte an der Entscheidung, ausgerechnet Möller / Rheinbaben zum März 1967 dichtzumachen, besonders irritierte und vermutlich auch irritieren sollte, war die Tatsache, dass diese Zeche nur wenige Jahre zuvor kostenintensiv modernisiert worden war. Das Signal lautete damit denkbar klar: Selbst auf neuestem, international überlegenem technischen Stand gibt es für die Kohleförderung an der Ruhr keine Gewinnperspektive mehr. Den Kumpeln wurde mit anderen Worten offenbart, dass ihre gesamte Arbeitswelt und damit das sowohl wirtschaftlich wie sozial und kulturell tragende Gerüst des Ruhrgebiets vor der Abwicklung stand. Eine Perspektive, die spätestens ab Mitte der sechziger Jahre einen unglaublichen Druck auf die gesamte Region sowie die Psyche jedes einzelnen ihrer Bewohner und Bewohnerinnen ausübte.

SCHLAFGEBIET

Wie klar das Bewusstsein für die Bedrohungslage bereits im Jahre 1966 bei dem einen oder anderen Bergmann ausgeprägt war, beweist die Wortmeldung des »Kollegen Ch.« im Rahmen der von Runge protokollierten Betriebsversammlung aus dem Spätherbst des Jahres 1966:

> Kollegen, die Situation ist doch heute die, daß die Kumpels nicht nur um ihren eigenen Arbeitsplatz kämpfen müssen, sondern um die Existenz und die Erhaltung des gesamten Ruhrgebiets. Wenn nämlich weitere Schachtanlagen im Ruhrgebiet still-

gelegt werden, dann wird auch eines guten Tages der Todesstoß für das Industrie-Gebiet, für das Ruhrgebiet kommen, daß das gesamte Ruhrgebiet ein Schlafgebiet wird.[1]

Mit dieser prophetisch dunklen Wortmeldung war der Furcht-Horizont in treffendster Weise gefasst: das gesamte Ruhrgebiet drohte zu einem »Schlafgebiet« zu regredieren. Also einem Gebiet, in dem die Menschen nicht mehr wach leben und zielgerichtet handeln, sondern nur noch »vor sich hin dämmern«, weil ihnen binnen weniger Jahre das gesamte Gerüst ihrer Lebensform wegbrechen würde.

In einem »Schlafgebiet«, wie es »Kollege Ch.« vor Augen stand, würde im eigentlichen Sinne fortan also nichts mehr geschehen und geschehen können. Denn in solch einem kulturellen Unzustand sind die dortigen Menschen zwar körperlich noch am Leben, aber eben nicht mehr Teil eines Lebens, das sie selbst bejahen können und vor allem wollen. Eng damit verbunden drohte ein reaktives Sich-Einrichten in der nostalgischen Rückschau auf eine Lebensform, die uneinholbar weit zurücklag, auch wenn ihr Ende zeitlich nur wenige Jahre oder Jahrzehnte zurückreichte. Aus dem Revier drohte ein Reservat zu werden.

Das war der Druck, der auf den betroffenen Menschen lastete, zu denen neben den Kumpeln natürlich auch die dortigen Politikeliten sowie die Menschen zählten, die damals noch »Bergassessoren« anstatt »Manager« hießen.

Mit welchen Maßnahmen war dieser Situation nun zu begegnen? Wie deren erstickende Kraft abzuwenden? Auch hierzu besaß »Kollege Ch.« zu Ende seiner Wortmeldung konkrete Vorstellungen:

> Ich bin der Meinung, wenn Gesetz und Recht überhaupt noch einen Sinn haben sollen, dann sind Regierung und Politiker klar verpflichtet, in dieser schwierigen Situation Maßnahmen zu ergreifen (matter Beifall), Maßnahmen, die dem Bergmann die Existenz sichern, das Zechensterben beenden und dem ganzen Ruhrgebiet wieder eine neue Lebensauffassung geben.[2]

Hört man genau hin, werden hier zwei Forderungen zu einer einzigen verklärt. Nämlich einerseits die, dem Bergmann »die Existenz zu sichern«. Und andererseits dem ganzen Ruhrgebiet »eine neue Lebensauffassung« zu geben.

In Wahrheit aber handelt es sich um zwei grundverschiedene, ja einander geradezu ausschließende Forderungen. Und nur eine davon durfte, bereits in der Konstellation des Jahres 1966, als eine genuine Zukunftsmöglichkeit gelten.

Die Herausforderung war dabei durchaus speziell. Sofern es in der bundesdeutschen Nachkriegszeit nämlich überhaupt eine Region gab, die trotz oder gerade wegen der noch allgegenwärtigen Zerstörung und Traditionsverheerung flächendeckend über eine vollwertige »Lebensauffassung« im beschrieben Sinne verfügte, so war es das Ruhrgebiet.

WIR? IM REVIER

Einen Text verstehen heißt, die Frage zu formulieren, die er beantworten will. Wie lautet dann, angewandt auf die Textur einer Region, derzeit die bestimmende Frage des Ruhrgebiets? Womöglich: Wer will ich zukünftig sein, da jeder allzu genau zu wissen glaubt, wer ich einst war – und nie mehr werde sein können?

Besonders mit Blick auf vage vergleichbare Kohle-Regionen des Kontinents hätte es für das Ruhrgebiet in den letzten 50 Jahren gewiss viel schlimmer kommen können. Die dunklen Visionen des Bergmanns »Ch.« haben sich nicht bewahrheitet. Das Revier ist nicht vollends zu einem »Schlafgebiet«, nicht zum Reservat eines endgültig besiegten Stammes geworden. Im Gegenteil. Im Deutschland des Jahres 2020 gibt es keine Region mit höherer Hochschul- und auch Spitzenmuseumsdichte als das Ruhrgebiet. Kein Gebiet, das innerhalb eines Radius von 100 Kilometern ein vielfältigeres Kultur-, Ausflugs- und Naturangebot bieten würde. Keine Metropole, die über mehr Spitzensportstätten, Bundesligavereine, Olympiastützpunkte und Forschungseinrichtungen verfügte!

Andererseits bilden die Kernstädte der »Metropole Ruhr« – also Bochum und Dortmund, Oberhausen und Essen, Mülheim, Herne und Bottrop – in den Lebensqualitätsrankings der Republik seit Jahrzehnten eine Phalanx der Abgeschlagenen, mit Gelsenkirchen als verlässlichem Träger der roten Laterne. Gerade nördlich der A40 überwiegen Stadtteile und Kommunen, die in ihrer strukturellen wie mentalen Dauervernachlässigung tatsächlich »Schlafgebieten« gleichen. Wobei jede Eindeutigkeit einer Diagnose des Ruhrgebietes als Ganzes durch seine Eigenheit erschwert wird, dass diese sozialen Grenzen mitten durch die genannten Städte selbst gehen. Und zwar ohne dass sich die damit einhergehenden Unwuchten städtebaulich oder architektonisch unmittelbar zeigten.

Zudem scheint es so, als ob ein nostalgisch getränkter Ruhrpottkult gerade in den bürgerlichen Milieus des Mittelstandes mit Hochschulreife südlich der A40 eine besondere identifikatorische Kraft entwickelte. Wohingegen die sozial schwachen »Schlafgebiete« nördlich des Ruhräquators, als eigentliche Verlierer des Strukturwandels, keinen größeren Wert darauf legen, sich mit der proletarisch verklärten Geschichte »ihrer Region« zu identifizieren. Ein Wunder ist das nicht. Schließlich macht prolongierte Perspektivlosigkeit nicht echt oder authentisch. Genauso wenig wie solidarisch oder heimatverbunden. Sondern vor allem eines: gleichgültig. Anstatt regional zu schärfen, entdifferenziert sie. Woraus nicht zuletzt folgt, dass der Versuch, als MetropolenschreiberIn gerade in diesen Gebieten, deren Lebenswirklichkeit heute insbesondere durch abendfüllende Reality-Formate wie »Hartz und herzlich« Einzug in die massenmediale Selbstbespiegelung findet, nun den »wahren«, »eigentlichen« oder gar »authentischen« Pott aufspüren zu wollen, besonders abwegig erscheinen muss.

ZWEI STÜCKE, LIEGEND

Ein Spaziergang durch den Skulpturengarten des weltberühmten Lehmbruck Museums im innerstädtischen Kant-Park von Duisburg bietet in diesem Zusammenhang eine eindrückliche Erfahrung. An einem beliebigen Sonnentag des Jahres kann man dort beobachten, wie zwischen den »Würfelkonstruktionen 3/73« von Alf Lechner und Henry Moores »Two-Piece Reclining« Familien ihre Picknickdecken ausbreiten und Väter ihre Kinder an der Hand zum integrierten Abenteuerspielplatz begleiten, während Parkdealer aus aller Welt mit genretypischen Zischlauten Rauschgifte feilbieten und deren zuverlässigste KonsumentInnen sich im Schutze der Museumsüberdachung ihren Schuss setzen oder die Notdurft verrichten.

Sicher, vergleichbar deprimierende Konstellationen gehören auch in Hamburg oder Frankfurt oder Berlin zum Stadtbild, vor allem in Hauptbahnhofsnähe. Und doch legt der Skulpturenpark Duisburg-Zentrum insofern ein regionales Spezifikum frei, als hier das Scheitern einer gerade im Ruhrgebiet lang gehegten Illusion besonders augenfällig wird. Nämlich das Scheitern der Idee, dieser Region im Moment ihres Verfalls mit den Mitteln der Hochkultur eine »neue Lebensauffassung« einzuhauchen.

Der öffentlich ebenso entschieden propagierte wie großzügig alimentierte Kulturbegriff ebenjener »Heuschreckenschwärme von Kulturträgern«, die nach Erik Reger bereits in den zwanziger Jahren das Revier aufsuchten, um »ihre luftigen Visionen«[1] zu verwirklichen, verstand sich hier im Sinne einer Avantgarde- und eventhaften Hochkultur, die in Bezug auf die eigentlich wachzuküssenden »Schlafgebiete« ohne jeden Anschluss und jede Aufnahme bleiben musste. Daran mag niemand schuld sein, aber so ist es. Und wenn man wochentäglich noch so viele Schulklassen durch die Skulpturenarrangements jagt.

ENTWURZELUNGEN

Wie kann es gelingen, einer Zivilisation, einem Volk oder eben einer Region im Angesicht des unvermeidbaren Untergangs ihrer alten eine völlig neue Lebensauffassung einzuhauchen? Wer oder was zeichnet dafür zunächst zuständig? Und welche Mittel brächte man dafür zum Einsatz? Genau dies waren die Fragen der französischen Philosophin Simone Weil, als sie

1943, im Londoner Exil, in nur wenigen, rauschhaft inspirierten Wochen ihr Werk *Die Verwurzelung* niederschrieb. »Die Verwurzelung«, schreibt Weil darin einleitend,

> ist das wohl wichtigste und am meisten verkannte Bedürfnis der menschlichen Seele. Es zählt zu denen, die sich nur sehr schwer definieren lassen. Der Mensch hat eine Wurzel durch seinen wirklichen, aktiven und natürlichen Anteil am Dasein eines Gemeinwesens, in dem gewisse Schätze der Vergangenheit und gewisse Vorahnungen der Zukunft am Leben erhalten werden. Natürlicher Anteil heißt: automatisch gegeben durch den Ort, die Geburt, den Beruf, die Umgebung. Jeder Mensch braucht vielfache Wurzeln. Fast sein gesamtes moralisches, intellektuelles und spirituelles Leben muss er durch jene Lebensräume vermittelt bekommen.[1]

Erfährt sich eine einzelne Existenz oder gar eine ganze Gemeinschaft im Laufe einer Biographie oder gar Generation sämtlicher Wurzeln beraubt – Weil nennt als Beispiele kriegerische Eroberung, Unterdrückung oder Kolonisierung, aber auch abrupte Veränderungen der Arbeits- oder Herrschaftsverhältnisse –, droht mit Blick auf die betroffenen Individuen indes »eine[] Trägheit der Seele, die fast dem Tod gleichkommt«[2].

Angewandt auf das Ruhrgebiet der beiden ersten

Nachkriegsjahrzehnte befand sich das Revier auf den ersten Blick tatsächlich in einem Zustand geradezu beispielhaft identitätsfester Verwurzelung, getragen und fundiert von der arbeitsbestimmten Lebensform des Bergmanns oder eben Kumpels. Denn es war diese Arbeitsform, die den zu Hochzeiten knapp 700 000, damals weit überdurchschnittlich entlohnten Arbeitern sowie deren Familien neben einem sicheren Auskommen auch einen aktiven Anteil am Gemeinwesen sicherte. Die sich bald zu immer größeren Konglomeraten zusammenschließenden Betriebe der Montanindustrie waren schließlich weit mehr als nur Arbeitgeber. Im engen Verbund mit Parteien, Kirchen und Vereinen bestimmten sie das gesamte, auch geistige Leben von innen heraus und gaben den einbezogenen Individuen eine moralische, politische wie religiöse Lebensauffassung, deren eigentliches Wertezentrum das Arbeitsethos des Bergmanns bildete. Und damit eine Arbeitsform heroisch konnotierter Männlichkeit, die von robuster Physis, schweißtreibender Auslaugung, konkreter Todesgefahr sowie, damit eng verbunden, spezifischen Solidaritätserwartungen getragen war, die in dieser Intensität und Unbedingtheit sonst wohl nur im soldatischen Dasein vorkommt. Eine Art verkehrte Welt, in der das physische Absteigen vom »Steiger« verantwortet wurde und die lebensbedrohliche Ausgesetztheit an die letztlich unverfügbaren Kräfte und Gefahren der Tiefe das »Glück auf« zum Alltagsgruß werden ließ. Eine Umgebung, in der das eigentliche Tagewerk unter den Bedingungen der dunkelsten Nacht geleistet wurde und in der das zu bergende »Gold« nicht sonnengleich strahlte, sondern im edelsten Fall eine hell-schwarze, leicht schimmernde Aura eignete. Eine nahezu extra-terrestrische Eigenwelt, die zu romantischer Dauerverklärung ebenso einlud wie zu revolutionärem Sozial-Aktivismus. Eine Lebensform, die in ihrem bestimmenden Ethos einerseits tief menschlich, in ihren konkreten Arbeits- und Lebensbedingungen aber tief unmenschlich anmuten musste. Eine Welt, in der sich »Fördern« und »Ausbeuten« bis zur Ununterscheidbarkeit überlappten, sowohl im Verhältnis von Mensch zu Mensch als auch in dem von Mensch zu Natur.

OHNE GERÜST

Mit Weils theoretisch aufgeladenem Begriffspaar von »Verwurzelung« und »Entwurzelung« tritt die für das Ruhrgebiet identitätsbestimmende Konstellation als eine der ausbeutenden Entwurzelung von ausgebeuteten Entwurzelten hervor. Gibt es doch, wie Weil in dem Kapitel »Die Entwurzelung der Arbeiter« festhält, nur

> eine Position in der Gesellschaft, in der man vollkommen und immerfort dem Geld ausgeliefert ist, als Lohnempfänger nämlich, vor allem, seitdem

jeder Arbeiter durch den Akkordlohn gezwungen wird, unausgesetzt seine Lohntüte im Kopf zu behalten. In dieser sozialen Position bekommt man die Krankheit der Entwurzelung am akutesten zu spüren.[1]

Und dies gilt umso schärfer für den Fall, dass diese Akkordarbeiter der Industrie sich sozial und biographisch – wie ja auch im Ruhrgebiet der Fall – vornehmlich aus Hintergründen des bäuerlichen Daseins rekrutierten, sowie, oft damit verbunden, aus Flüchtlingen und Armutsmigranten, die in dieser doppelten Form von Entwurzelung am neuen Orte nur »als Arbeitstiere wieder aufgenommen wurden«. Wobei man aufgrund des spezifischen, sich in der Nachkriegszeit noch einmal verdichteten Organisationsnetzes von »Arbeit-Leben-Wohnen-Bildung-Religion« sowie der spezifischen Solidaritätsanforderungen »unter Tage« natürlich einwenden kann, dass gerade der Status als »Kumpel« einen einzigartig integrativen Sog besaß, in dem jeder, der gut arbeitete, auch zügig als vollwertiger Teil der Gemeinschaft anerkannt wurde.

Nur umso schwerer wirkte damit die Sorge vor der Arbeitslosigkeit oder aber vor dem erzwungenen Arbeitsplatzwechsel an einen anderen Ort. Ging damit unter den gegebenen Bedingungen doch weit mehr als der Verlust des Einkommens einher, sondern der Verlust eines gesamten lebensweltlichen Integrationsnetzes sowie der Formen öffentlicher Achtung und Anerkennung, die aufgrund der spezifischen Härte und Gefahr der Bergmannsarbeit nie fraglich waren. Gerade unter solchen Bedingungen ist, in Weils Worten,

> die Arbeitslosigkeit selbstverständlich eine potenzierte Entwurzelung. Die Arbeitslosen sind nirgends mehr zu Hause, weder in den Fabriken noch in ihren Unterkünften, noch in den angeblich für sie gegründeten Parteien oder Gewerkschaften, noch in den Vergnügungsstätten, noch in der intellektuellen Bildung, wenn sie versuchen, sich ihr zu nähern.[2]

Als letzte existenzielle Folge solch eines Zustandes, in dem keines der vitalen Verwurzelungs-Bedürfnisse der Seele mehr bedient werden kann, sieht Weil »einen Zustand dumpfer Betäubung« oder auch eine allgemeine Krankheit, die sich, Zitat, in »einer Art Schlaf«[3] äußert.

EINGEHAUCHT

Nicht auszuschließen, dass Erika Runges Bergmann »Ch.« aus der Zeche Möller/Rheinbaben in seiner Begriffswahl und Deutung damals direkt von einer Lektüre Weils inspiriert wurde. Annähernd gewiss ist solch ein Einfluss aber im Fall von Heinrich Böll und seiner Sicht auf das Ruhrgebiet, nennt er Simone Weil doch in einem späteren Interview explizit als eine der Denkerinnen, deren Werk und Stimme ihm »auf der Seele liegt wie eine Prophetin«. Tatsächlich widmet sich Böll in seinem Text *Im Ruhrgebiet*[1] von 1958 dem Revier ganz und gar unter dem Zeichen einer dort besonders augenfälligen Entwurzelung des arbeitenden Menschen.

So wird Böll auf seinen Expeditionen ins Ruhrgebiet einer »inhumanen Region« ansichtig, die »aus Menschen Arbeitssklaven macht«. Noch immer spiele sich »im Ruhrgebiet das ab, was man mit einer dramatischen Vokabel ›Völkerwanderung‹ nennen könnte, was man mit einer modernen, statistischen Vokabel ›Fluktuation‹ nennt«.[2]

Alles sei in diesen Breiten »schwarz von Kohlestaub, grau von Gesteinsstaub, eine Welt ohne Frauen …« Auch von Metropole oder auch nur städtischem Flair könne, gemäß Böll, keine Rede sein: »Von Stadt haben die Großstädte noch nichts. Stadt ist Landschaft; hier gibt es weder Stadt noch Land, nur riesige, ineinander-, aneinandergekoppelte Dörfer«. Ja, beim Blick aus dem Abteilfenster formuliert der spätere Nobelpreisträger gar: »die Vorstellung, daß hier Menschen wohnen, mag dem Fremden … phantastisch vorkommen«[3]. Das Ruhrgebiet, der wahr gewordene Entwurzelungs-Albtraum der industrialisierten Moderne als fossiler Kapitalismus.

Sofern Böll im Ruhrgebiet, neben der offenbaren

Herzlichkeit der Menschen (»Nirgendwo sonst in Deutschland sind die Menschen so nüchtern, herzlich, einfach und schlagfertig«[4]), überhaupt etwas Positives auszumachen vermag, ist es, eng damit verbunden, dessen noch kindliche Unbestimmtheit, eine Situation irritierend produktiver Geworfenheit, die in ihrer wurzellosen Frische und Eigendynamik durchaus etwas Utopisches in sich berge. In jedem Fall aber noch lange davon entfernt sei, wahrhaft vermessen, gar auf den Begriff gebracht werden zu können. Böll:

> Die Maßstäbe, mit denen das Ruhrgebiet zu messen wäre, gibt es noch nicht; keinesfalls gelten die überkommenen; es wäre unfair, wie wenn man einem Säugling vorwerfen würde, daß er nicht fließend Latein spricht.[5]

Was nun, wenn diese Diagnose noch immer, oder wieder, zuträfe? Wenn das Ruhrgebiet, gerade im Jahre 2020, nicht etwa das endgültige Ende einer alten, sondern den Anfang einer »neuen Lebensauffassung« in sich trüge? Wenn gerade seine Schätze wie auch Narben der Vergangenheit es in sich hätten, Vorahnungen und Maßstäbe eines zukünftigen Lebens zu bergen, deren Relevanz einmal mehr weit über die ohnehin nur imaginären Grenzen des eigenen Rands hinausginge?

AUF EIN NEUES

In den Morgenstunden des neuen Jahrzehnts beträgt die Sichtweite auf der Autobahn nicht einmal zehn Meter. Ab Dortmund ist die A2 aufgrund einer Massenkarambolage vollständig gesperrt. Siri tut ihr Bestes, uns durch das im Nebel erwachende Ruhrgebiet zu lotsen.

Aus dem Radio auch heute WDR 2s anglophoner Popmüll (Slogan: »Gemeinsam sind wir der Westen«), immer wieder eilig unterbrochen von Updates zur »Lage in Krefeld«. Das Affenhaus des dortigen Zoos ist in der Silvesternacht niedergebrannt. Mehr als 30 Primaten sind dabei grausam ums Leben gekommen. Erstickt, verbrannt, verkohlt. Zur Brandursache gibt es »noch keine gesicherten Erkenntnisse«. Spekuliert wird über Himmelslaternen. Eigentlich ein chinesischer Neujahrsbrauch, hierzulande gesetzlich verboten. Die Globalisierung und ihre Opfer.

Im Schleichtempo geht es auf eine Autobahnumgehung: China, Globalisierung, Entschleunigung, Fahren auf Minimalsicht. Opfer ohne Schuld.

Es ist alles immer schon da. In jedem prophetischen Moment. Man müsste es nur zu sehen verstehen.

Der Sonnenaufgang färbt die milchige Landschaft rötlich ein. Hier und da ragen Türme stillgelegter Industrieanlagen aus dem Nebel, wie letzte Zeugen einer lang vergangenen Zivilisation. Ruhrromantik. *Ruin Porn.*

So möchte sie dereinst erwachen, die Welt am Morgen nach der Menschheit. Noch reine Fiktion. Nur die Trauer ist schon wirklich. Die armen Viecher.

Immerhin, »wie durch ein Wunder« haben zwei Schimpansen die Katastrophe überlebt. P. und ich sehen einander kurz an. Tränen. Irgendjemand muss es ja erzählen. Sonst wird es nicht unsere Welt.

II WILLI, WAT IS MIT DIR?

BLUME DES REVIERS

Mein erster öffentlicher Auftritt als Metropolenschreiber führt im Herbst 2019 nach Essen auf die Zeche Zollverein – den Uluru des Reviers. Vor 100 Jahren zur modernsten und leistungsstärksten Förderanlage des Landes ausgebaut, ist sie heute das Prunkstück der 400 Kilometer langen Route Industriekultur. Die riesigen Werkhallen des UNESCO-Weltkulturerbes dienen heute vor allem als Location für Kulturveranstaltungen und Festivals, wie das Literaturfestival lit.RUHR. Mit dem *ZEIT*-Journalisten und Autor Christoph Amend soll ich dort unter dem Titel »Wie geht's dir, Deutschland? Was aus dem Land wurde, in dem ich aufgewachsen bin« per Podiumsgespräch die Lage der Nation als solcher sowie die des Reviers im Besonderen bekakeln. Christoph und ich kennen uns schon seit gut zwei Jahrzehnten, Berliner Journalisten-Blase der aus Süddeutschland Zugezogenen. Ja, es gibt sie.

Zur Jahrtausendwende hatte Christoph sein erstes Buch veröffentlicht. Es trug den Titel *Morgen tanzt die ganze Welt*. In diesem Werk geht es um die Kluft zwischen den Erfahrungen der Weltkriegsgeneration

(»namhafte Trümmermänner«, wie es im Klappentext heißt) und deren Enkeln der Generation Golf. Vor allem aber darum, was dieser Generationenbruch wohl für die Entwicklung eines wiedervereinigten Deutschlands bedeuten möge.

Auch sein neues Buch beruht auf Gesprächen mit meist prominenten, generational beispielhaften Deutschen, etwa Jens Spahn oder Lena Meyer-Landrut. Leitend ist diesmal allerdings die Frage, wie der neuerliche Auftrieb des Rechtspopulismus im Lande zu verstehen, zu erklären und gegebenenfalls zu mildern wäre. Im Nachklang des Flüchtlingsherbstes von 2015 kreisen die Gespräche und Porträts also um die Grenze zwischen einem inklusiven Patriotismus und einem exklusiven Nationalismus, um Befindlichkeiten von Stolz und Scham, um Zukunft und Vergangenheit. Um die Blicke der Mehr- auf die Minderheiten. Sowie deren Blicke zurück.

Selbstredend hat der Autor auf seiner Reise durch eine neu verunsicherte Nation auch einen paradigmatischen Vertreter des Ruhrgebiets besucht. Und zwar Herbert Grönemeyer in Bochum. Bekanntlich stammt der Barde ja aus ihr, dieser »Bluuumööö im Rööööövier«.

Ich war noch niemals in Bochum. Aber das betreffende Album hatten auch wir damals im Hause. Während der Anfahrt auf die Zeche erscheint vor dem geistigen Auge deshalb ein zwölfjähriger Junge, der im holzvertäfelten Dachgeschoss seines Elternhauses in der 23. Wiederholungsschleife »Oh Willi, wat is mit dir? Trinkste noch 'n Bier? Zur Cööörieuwuuuarst?« mitgrölt. Wer wüsste schon, nach welchen Gesetzen genau, führt diese Erinnerung übergangslos tief in den Innenraum eines U-Bootes, in dem drei verschwitzte Männer, einer von ihnen Grönemeyer in Wehrmachtsuniform, eng an eng um einen Radioempfänger sitzen und erschüttert zu der Feststellung kommen, Schalke könne nun nicht mehr Meister werden. Ein Alarmsignal ertönt, rote Lampen leuchten. Feindangriff, Tauchgang. Und dann dieser eine Drehbuch-Satz, der sich offenbar besonders tief einbrannte: »Jetzt heisst et, Arschbacken zusammenkneifen.« Männersolidarität, damals.

Auch auf die sogenannte Gegenwart, lernt man im Revier-Kapitel von Amends Buch, blickt Pop-Titan Grönemeyer zunehmend sorgenvoll. Vor allem der wachsenden Fremdenfeindlichkeit und sozialen Kälte wegen. Sein neuestes Album werde übrigens den Titel *Tumult* tragen. Ganz klar ein programmatisches Statement, schließlich, lässt Grönemeyer im O-Ton verlauten, brauchen wir einmal mehr »eine gesellschaftliche, geistig-soziale Revolution«. Vor allem die Frage nach der Identität erscheine ihm dabei entscheidend. Und seine sei nun einmal hier verwurzelt, im Revier, wo er mit den Menschen bis heute »ganz anders reden« könne. Vertrauter, klarer, ehrlicher.

DAS NARRATIV

Fast noch ein bisschen interessanter als diese Gedankenimpulse bleibt für mich während der Lektüre die Art und Weise, wie Amend seine zwanzigseitige Gesprächsreportage aus Bochum aufbaut. Die wesentlichen Lebens- und Karrierestationen des 1956 geborenen Grönemeyer werden im Krebsgang erzählt, von der Jetztzeit zurück in die mythischen Nachkriegsjahre des Reviers.

Folgerichtig setzt der Text mit einem Grönemeyer-Fotoshooting in einem stillgelegten Umspannwerk ein (Message: das neue Ruhrgebiet, Loft statt Maloche!), führt von Herberts Lieblingskiosk (Message: Büdchenkultur, nach wie vor intakt, Herbert immer noch einer von uns!) zum Stadttheater (Message: Herbert, Zadek und das Bochumer Schauspiel, Weltniveau!) über das Ruhrstadion (Message: Fußball, nie Weltniveau, aber immer geliebt!) in den legendären Musikclub Zeche (Message: die Achtziger und ein frühes popkulturelles Erblühen!) bis zu Herberts erstem Bolzplatz gleich neben seinem Elternhaus (»Da drüben gab es ein Trümmerfeld«). Grönemeyers Vater, ein Bergbauingenieur, verlor seinen Vater, ebenfalls Bergbauingenieur, schon früh durch ein Gasunglück im Schacht.

Was Amend hier höchst unscheinbar und also elegant anhand eines einzigen Tages mit Herbert Grönemeyer in Bochum mobilisiert, ist das derzeit leitende

Außen-Narrativ des Ruhrgebiets, ist mit anderen Worten die absolute PR-Lieblingsgeschichte, die das Revier sich und anderen erzählt, wann immer ihm die Frage gestellt wird: »Und, wie geht's dir?«

Doch stimmt sie auch?

An besagtem Abend seltsamerweise keine Frage, die Christoph und ich explizit erörterten. Genauso wenig wie die Frage, welche Gestalt die von Herbert und den Seinen so innig ersehnte »geistig-soziale Revolution« wohl anzunehmen hätte, ohne dabei gleich im Tumult zu enden. Dafür fühlten wir uns einfach viel zu wohl, dort oben auf der Bühne, in unseren Designerturnschuhen, an einem der schönsten Orte des Reviers, auf einem der schönsten Festivals des Landes.

Ich weiß nur noch, dass die untergehende Sonne durch die Scheiben der Fabrikhalle drang und alles zum Glühen brachte. Gerade so, als wäre auch heute noch alles beim mutmaßlich guten Alten. Als kündete nicht gerade dieser Erinnerungsort von den mannigfachen Schmerzen, Schreien, Tumulten wie auch unerwarteten Chancen sozialer Revolutionen und tiefgreifenden Wandels. Als bezeugte nicht gerade die Zeche Zollverein das grundmenschliche Bestreben, auch nach dem Untergang noch das zu retten, was schlicht nicht zu retten war. Der Erinnerungsort Zeche Zollverein, wäre er am Ende nur ein rostbraunes Riesenablenkungsmanöver auf die allzu alltägliche Ruhr-Frage: Wat is mit dir?

RUHR UND RÜHRUNG

Nur eine Jahreszeit später jedenfalls hat die Frage, wie es dem Land wohl gehe, einen ganz anderen Klang angenommen. Die Welt ist im Lockdown und hat Angst vor Atemnot. Niemand weiß, wann sie wieder tanzen wird. Bereits morgen wird es gewiss nicht sein. Und wohl auch nicht übermorgen. Meine geplanten Reisen durch das Ruhrgebiet, bis auf Weiteres finden sie allein in der Rotunden-Bibliothek des Marmorpalastes zu Mülheim an der Ruhr statt. An die Stelle konkreter Beobachtung treten Beobachtungen zweiter Ordnung. An die Stelle des »Erfahrens von« das »Lesen über«. Wenn ich ehrlich sein will, schon immer mein bevorzugter Erschließungsmodus.

Welche Eigenheiten prägen die Geschichten, die sich diese Region in jüngster Zeit über sich selbst erzählt und die damit das schöpfen, was man gemeinhin Identität nennt? Gäbe es da gar ein einendes Element? Eine erste Erkundung ergibt: Die paradigmatische Ruhr-Erzählung seit der Jahrtausendwende hebt mit dem Tod eines Elternteils an. So etwa in Ralf Rothmanns Ruhr-Romanen *Junges Licht* und *Milch und Kohle*, in Frank Goosens Roman *Pink Moon* sowie bei Christoph Biermanns autobiographisch getränkter Ruhr-Reise *Wenn wir vom Fußball träumen*.

In Büchern, die etwas taugen, sind erste Sätze immer der Schlüssel zum Werk.

Bei Christoph Biermann, geboren 1960 und aufgewachsen in Herne, lauten sie:

Als die Beerdigung meines Vaters vorüber war, fuhr ich ins Stadion. Ich nahm dazu seinen Wagen, einen in die Jahre gekommenen BMW.

Bei Frank Goosen, geboren 1966 und aufgewachsen in Bochum:

Ich sah meinen Vater erstmals neunzehn Jahre nach seinem Tod. Ich erkannte ihn gleich wieder.

Bei Ralf Rothmann, geboren 1953 und aufgewachsen in Oberhausen:

Der Anzug war nicht schwarz. Nicht wirklich. Das hätte sie kaum gemocht.

Wie in einer Monade verdichten sich in den betreffenden Auftakt-Sätzen die bestimmenden Identitätszweifel des heutigen Ruhrgebiets. Die Begräbnisse des Vaters oder der Mutter geben dem jeweiligen Erzähler, selbst am Beginn des letzten Lebensdrittels stehend, Anlass, die Frage nach dem eigenen Werden und dessen Bedingungen neu zu stellen. Die Eltern stehen dabei für die mutmaßliche Hochzeit des Reviers in den fünfziger und sechziger Jahren, als die Ruhr-Zechen gut zwei Drittel des Energiebedarfs der jungen Bundesrepublik deckten.

Was einst in der Unmittelbarkeit der Kindheit erlebt wurde, nimmt in der erinnernden Rückschau die

Gestalt einer deutenden Einordnung an. Wird also, insbesondere in der Form einer späteren Rückkehr zu den mythisch belegten Ursprungsorten, zu einem Unterfangen *sentimentaler Dichtung* in genau dem Sinne, den Friedrich Schiller diesem Genre einst zusprach.[1]

Gibt es im Jahre 2020 überhaupt eine Möglichkeit, die Frage nach der Identität des Ruhrgebiets zu beantworten, die nicht notwendig sentimental wäre? Für die Zukunft des Reviers keine ganz unwichtige Frage. Sieht man genauer hin, stehen die Werke Goosens, Biermanns und Rothmanns beispielhaft für drei mögliche Spielarten sentimentaler Selbstbestimmung an der Ruhr.

JENSEITS VON OBERHAUSEN

In einem das Erscheinen seines Romans *Milch und Kohle* begleitenden Interview antwortete Ralf Rothmann auf die Frage, ob er die »Gegend zwischen Oberhausen und Essen«, diese »Schrebergarten-Welt mit Sportplatz, Zeche und Pommes-Bude« als Revier seiner Kindheit und Jugend noch wiedererkenne:

> Eigentlich kaum. Aber die ganze Struktur der Gegend ändert sich im Moment ja rapide. Aus einem proletarischen Gebiet wird jetzt ein riesiger Dienstleistungspark, wenn ich das richtig sehe. Das Ruhrgebiet, wie ich es beschreibe, ist sicherlich weg …

> die Arbeitswelt der sechziger und siebziger Jahre war ja arm an Tröstungen durch Konsum oder durch irgendwelche Medienfilter. Es war eine Zeit, da gab es wenig Ablenkung von den Nöten … Man musste Konflikte aushalten. Deshalb waren die Erfahrungen, die ich innerhalb dieser Konflikte gemacht habe, vielleicht auch so verletzend. Ich konnte nicht wegzappen in irgendwelche anderen Befindlichkeiten. Das musste ausgehalten werden und entsprechend tief hat es sich eingegraben.[1]

Gleich einem Bergmann der eigenen Psyche fördert Rothmann in seinen Revier-Romanen Schicht um Schicht die Traumata eines Jugendlichen aus dem Ruhrgebiet zutage, der sich von frühester Erinnerung an als fremd und fehl im eigenen Elternhaus empfand. Das Gefühl, zur falschen Zeit am falschen Ort geboren zu sein, wird dabei von der mehr erspürten denn erfassten Ahnung verstärkt, dem einsetzenden Untergang ebenjener Zechen-Welt beizuwohnen, die der Ehe der Eltern trotz mannigfacher Verwerfungen ein rettendes Minimum an Halt und Lebenssinn gewährt.

In einer Schlüsselszene seines zweiten, später auch von Adolf Winkelmann verfilmten Ruhr-Romans *Junges Licht* beschreibt der Erzähler den Moment, da sein Vater tief unter Tage von einem Gesteinsbrocken erschlagen wird, als ästhetische Schlüsselerfahrung im Kinderzimmer des Pubertierenden:

> Ein wenig Licht brach durch, Staub tanzte in den Strahlen, und plötzlich waren die Vögel, all die Meisen, Gimpel und Pirole, wieder da. Hauchzart und grau, wie ein Wasserzeichen an der Wand.[2]

Kein Gedanke an die an sich ruhrtypischen Tauben. Und dementsprechend auch nicht an deren anerzogenen Willen, quasi-natürlich immer wieder an den Ursprung ihrer Sendung, in ihren Schlag zurückzukehren.

Nach dem Begräbnis der Mutter bleibt es an dem Erzähler des Romans, ein mittlerweile weitgereister Literat mit Lehrauftrag an einer amerikanischen Universität, den elterlichen Hausstand endgültig aufzulösen. Seit Jahrzehnten erstmals wieder im Revier, begegnet er dort auch seinem Bruder. Dieser ist als Epileptiker mittlerweile ein Sozialhilfefall mit Behindertenausweis. Weil der jüngere Bruder unter der Matratze im Schlafzimmer noch ein Sparbuch der Mutter vermutet, treffen die beiden einander eher zufällig auf der Schwelle des nunmehr von allen Erinnerungsresten gereinigten Elternhauses. Das Sparbuch wird zwar gefunden, ist aber leer. Als einziges Relikt von monetärem Wert verbleibt damit das Gebiss der Mutter mit seinen Goldzähnen. Der Protagonist überlässt es dem jüngeren Brüder:

> … ich gab ihm einen Klaps auf die Schulter … stieg ins Taxi, blickte mich noch einmal um. Doch er winkte nicht. Er öffnete die Mülltonne und warf den Beutel hinein.[3]

Eindeutiger kann das Bestreben, Familie und Ursprung endgültig hinter sich zu lassen, nicht ins Bild gesetzt werden.

Im unmittelbar anschließenden Epilog wird der Romanheld während eines Meditationsaufenthaltes in einem japanischen Zen-Kloster von den unheimlichen Geistern der Vergangenheit dennoch ein weiteres Mal eingeholt:

> Da schoß mir das Wasser in die Augen, ich atmete japsend mit offenem Mund und ruckte herum … aber schon, ein schwarzes Huschen, war der Mann mit dem Stock wieder hinter mir … drückte mich durch den Schmerz hindurch mit seinem ganzen Gewicht und flüsterte nah an meinem Ohr: ›Gerade. Halt dich gerade, Oller!‹[4]

Gleichsam als letzte Mahnung zur Wahrung alter Bergmannsideale.

Zum Abschluss der Szene, und damit des gesamten Buches, geleitet der Abt des Klosters den Gast von der fernen Ruhr zum Ausgang und verabschiedet diesen mit den Worten: »Staub, der einen Besuch abstattet«. Kohlestaub.

Ganz im Sinne der Zen-Einsicht von der Nicht-Essentialität und Leere allen Seins, insbesondere auch aller mutmaßlich stabilen Ich- oder gar Wir-Identitäten, werden die einst leitenden Ideale der Vätergeneration endgültig verwunden. Das Ruhrgebiet und seine schwarze, leicht schimmernde Aura erscheint als nur eine weitere, allzu flüchtige Episode im ewig lichten Staubtanz des Seins. Nichts, was sich bewahren ließe. Nichts, was jemals wirklich war. Nichts mehr.

RÜCKKEHR NACH HERNE

Weitaus versöhnlicher und zukunftsfroher gestaltet sich Christoph Biermanns Rückkehr ins Ruhrgebiet. Als einer der führenden Fußballjournalisten des Landes nimmt er in *Wenn wir vom Fußball träumen* den Tod seines Vaters zum Anlass, entlang der Entwicklung der Traditionsvereine des Reviers der Frage nachzugehen, was in den vergangenen drei Jahrzehnten, die ihn beruflich nach Köln und später Berlin führten, aus seiner Heimat geworden ist. Während all dieser Jahre in der Fremde blieb der Fußball ein Thema, das auch das Verhältnis zu seinem Vater trug und stabilisierte. Fußball als Kitt der Generationen, Fußball als Identitätsanker des Reviers.

Einmal ins Erinnern geraten, datiert Biermann die eigentliche Geburt des Ruhrgebiets als *eine* Region dabei erstaunlich spät, erst auf den Beginn der achtziger Jahre. Und zwar als Folge eines städteübergreifenden Bedürfnisses, abends altersgemäß auszugehen, insbesondere der studentischen Lust auf Club-, Konzert- und Kinoangebote, die von damals neuen, sich explizit als solche verstehenden Revier-Magazinen wie dem in Bochum erscheinenden *Marabo* bedient wurde, für das auch Biermann als Student zu schreiben begann. »Ich gehörte«, erinnert er sich,

> zur ersten Generation im Revier, die sich nicht mehr nur für die eigene Stadt interessierte. Herne oder Bochum waren für mich de facto Stadtteile des Ruhrgebiets. Ich mochte in Herne aufgewachsen sein und später zehn Jahre lang in Bochum wohnen, aber wenn ich gefragt wurde, woher ich kam, sagte ich: »Aus dem Ruhrgebiet«.[1]

Einen zweiten, entscheidenden Identitätsschub erhielt das Revier Biermann zufolge mit der letzten, durch die Kürzung der Kohlesubventionen ausgelösten Streik- und Protestwelle des Frühlings 1997, die zeitlich mit den größten internationalen Erfolgen des Revierfußballs zusammenfiel: Dortmund gewann in dieser Saison den Europapokal der Landesmeister, Schalke den UEFA-Pokal. Sogar der VfL Bochum qualifizierte sich erstmals für das internationale Geschäft.

»Nach den Erfolgen des Jahres 1997«, so Biermann,

war erstmals eine Kollektivschmähung gegnerischer Fans zu hören, wenn es gegen Teams aus dem Ruhrgebiet ging: »Ruhrpottkanaken, ihr seid Ruhrpottkanaken.« Donnernd kam dann prompt die Antwort: »Ruhrpottkanaken, wir sind Ruhrpottkanaken.«[2]

Ruhris with an attitude.

Und in der Tat, wer könnte sie jemals vergessen, jene gemächliche Kurve, in der sich Lars Rickens Heber in zwei göttlich zeitlosen Sekunden über den Torwart von Juventus Turin 40 Meter weit ins Netz senkte. Ich sah dieses Ereignis in einer Fußballkneipe der Heidelberger Altstadt live am Bildschirm, hatte die Stunden zuvor Handkes *Versuch über die Jukebox* gelesen und konnte das Gewahrte deshalb umstandslos als eine Form von »Parusie«, also als momenthaften Einbruch von Göttlichem in die Zone des rein Irdischen, einordnen. Ein Gedanke, der mich als Bayern-Fan damals übrigens deutlich tiefer befriedigte als der Ausgang des Spieles selbst.

Bei der letzten Sitzung unserer Heidelberger Studentenzeitung, das Sommersemester 1997 neigte sich dem Ende zu, wurde dann in der Redaktion heftig diskutiert, ob man die kostbare letzte Seite der Gazette, ansonsten für allerlei grafische Späße und überdrehte Glossen reserviert, wirklich ganz und gar für die Duchamps-nahe Collage einer Toilette opfern solle, in die sich sowohl ein Landesmeister- als auch ein UEFA-Pokal gepfropft fanden. Zeile: »Die Pötte sind im Pott«.

Besonders auffällig im Zusammenhang schien mir die gleichsam über Nacht sprunghaft gestiegene Anzahl von Mitstudierenden, die sich voller Stolz zu ihrer Herkunft aus dem Ruhrgebiet oder zumindest der Anhängerschaft für einen seiner leitenden Vereine bekannte. Ganz wie Biermann es beschreibt, drehte sich in diesem Sommer etwas. Eine Art mentaler Strukturwandel kam in Gang. Auch oder gerade in den bürgerlich durchfinanzierten Studentenprovinzen der Republik.

Im damals noch voll intakten Zeitalter der Ironie konnte dieser Wandel nur konsequent in Richtung »Kult« driften. Kult im Sinne einer ironischen Eingemeindung des kulturell vormals anderen und gar Peinlichen.

RUHR UND RESILIENZ

Direkt vor Ort freilich blieb die Gefühlslage komplizierter. So auch bei Autor Biermann. Gerade weil dieser qua Profession den erfolgreichen Strukturwandel zumindest einiger Traditionsvereine des Reviers zu Erfolgsmarken mit globaler Strahlkraft aus nächster Nähe verfolgte, stellte sich bei ihm, ähnlich wie bei Rothmann, bald ein Gefühl der Entfremdung und Perplexität ein:

> Der Fußball im Ruhrgebiet blieb mir zwar immer verständlich ... aber das Ruhrgebiet änderte sich, und langsam verstand ich diese Änderungen nicht mehr mit der gleichen Sicherheit, als würde ich dort noch leben. Die Vertrautheit des Nach-Hause-Kommens wurde immer mehr zur Illusion.[1]

Und Gleiches gilt natürlich für das insbesondere durch gemeinsame Stadion-Besuche lebendig gehaltene Verhältnis zum eigenen Vater, der in »all den Jahren, in denen ich mich von meiner Heimatstadt entfernt hatte, in Herne geblieben war.«[2]

Kein Wunder, dass Biermann am Tag der Beerdigung die Spielstätte von Westfalia Herne aufsucht:

> Ich schaute entlang der Tribüne über die Holzbänke, die sich bedrohlich wellten, weil irgendwo hunderte Meter unter dem Stadion einer der vielen Tausend Stollen, der Wurmgänge des Goldenen Zeitalters der Kohle in meiner Heimatstadt, nicht richtig verfüllt worden und daher abgesackt war. Das Vereinsemblem an der Rückseite der Tribüne blätterte ab, auch sonst war vieles nur ausgeflickt und der Rasen sichtbar holprig. Hier waren die guten Zeiten vorbei, aber für mich war dieser Ort dennoch nicht trostlos. Im Gegenteil.[3]

Eine versöhnte Elegie also, in der die Ruhr-Identität sich als eine notwendig verspätete der Waisen erkennt und bejaht. Ja, bei Wahl-Berliner Biermann stellt sich nach seinen Reisen durch das Ruhrgebiet als Fußballgebiet gar so etwas wie Zukunftsfreude und Hoffnung ob der urwüchsigen Kraft der Region ein:

> Ich war guter Dinge, obwohl ich zwischendurch auch traurig und manchmal wütend gewesen war. Aber gerade die Leidenschaft, mit der im Ruhrgebiet um den Fußball gerungen wurde, machte mich optimistisch ... Als meine Heimreise vorüber war, hatte ich nicht das Gefühl wegzufahren. Ich war wieder zu Hause angekommen.[4]

Zu Hause in einer Region, die sich immer wieder gemeinschaftlich zu berappeln und vereinen weiß. Die zusammensteht und zusammen kämpft. Die nicht vergessen hat, was wahre Heimatliebe heißt und vermag. Und die dabei noch immer ihren kühnsten Knaben-, vielleicht sogar Knappenträumen nachhängt.

WOANDERS IST AUCH SCHEISSE

Erst die Enkel der Generation Maloche sind also bereit, ebenjene Ruhrgebietseigenheiten als identitätsprägend zu bejahen, die in der Gegenwart der Region schon lange kein Erlebnispendant mehr besitzen. Eine extrem naheliegende Weise, sich dieser sowohl zeitlichen wie sozialen Verstellung literarisch anzunehmen, ist die Haltung sentimentalistischer Ironie. Diesen Weg beschreitet der Revier-Autor Frank Goosen als Humorist und Satiriker.

Konnte der Ruhr-Humor eines Adolf Tegtmeier seinen Witz noch aus dem Abgrund zwischen gemutmaßter proletarischer Geistlosigkeit und lebenserfahrener Tiefenschläue gewinnen, basierte die Revier-Komik eines Diether Krebs bereits auf der offensiv-ironischen Herabsetzung eigener Herkunft und Prägung (»Wenn das Essen ist, wie sieht dann Kotzen aus?«) sowie dem unvermeidlichen Fauxpas eines Menschen aus dem Pott, der ab den siebziger Jahren Anschluss an die sozialen Codes der Mittelschicht in Düsseldorf und München sucht.

Das immer schon beträchtliche, nicht zuletzt dialektal geprägte Humor-Potenzial des Ruhr-Menschen und seiner Eigenheiten schöpfte dann, ab Beginn der neunziger Jahre, auf je eigene Weise der Mülheimer Existenz-Jazzer Helge Schneider (»Ich weiß du find'st mich scheiße …«), der grotesk überdrehte Proleten-Kult Atze Schröders oder auch, näher an der Jetztzeit, der ehemalige Duisburger Fußball-Hooligan Markus Krebs mit seinen Theken-One-Linern aus (»Habe vergangene Woche in einem Porno mitgespielt – ich war der Mann, der zur Arbeit ging«).

Goosens Erzählhumor nimmt in diesem weiten Feld der »beautiful loser« eine besondere Stellung ein. Im notwendig ironischen Modus einer Beobachtung zweiter Ordnung – der Junge aus dem Revier macht sich nicht nur über sich selbst und die Seinen, sondern immer auch gleich über diejenigen lustig, die sich über die Menschen aus dem Revier lustig machen – kommt seinen Kolumnen und Bühnenauftritten für das gesamte Feld des real existierenden Ruhr-Humors eine geradezu programmbildende Bedeutung zu. Wie etwa im einleitenden Stück seines Erzählbandes *Radio Heimat – Geschichten von zuhause*, das den Titel *Nicht schön, aber direkt* trägt.

> … »Stopp!«, rufen dann die Bedenkenträger. »Ist es nicht total peinlich, sich immer noch auf dieses überkommene Malochertum zu berufen?«
> Gegenfrage: Ist es nicht viel peinlicher, sich selbst immer noch zu Blasmusik auf den Arsch und auf die Schuhe zu hauen, obwohl man auch seit hundert Jahren keine Kuh mehr auf die Alm getrieben hat?
> Das Ruhrgebiet hat sich, im wahrsten Sinne des Wortes, das Recht erarbeitet, sich hemmungslos zu stilisieren und sich zu dem zu bekennen, was es einzigartig macht, nämlich ebenjene Arbeit. Zumindest die von früher.
> Und trotzdem stehen wir an lauen Sommerabenden auf unseren Eisenbahnbrücken, schauen auf unsere Städte, freuen uns darüber, wie schön das Leben mit Abitur sein kann, und denken: »Nä, schön ist das nich. Abba meins!«

Oder, wie es mein Oppa auszudrücken pflegte: »Ach, woanders ist auch scheiße.«[1]

»Woanders ist auch scheiße.« Der Wappenspruch einer ganzen Region. Es gibt mittlerweile sogar T-Shirts mit diesem Slogan, sozusagen als Sitzplatzäquivalent zum prekären Stehplatzstolz von Biermanns »Ruhrpottkanaken«; treffendster Ausdruck einer heimatbejahenden Binnensolidarität, die in ihrer abwärtsdrehenden Eigenliebe von aktiver Zukunftsverweigerung allzu oft ununterscheidbar bleibt. Was übrigens kaum jemand klarer sieht und ausspricht als Goosen selbst.

NOWAK ERMITTELT

In seinem bisher ambitioniertesten Roman *Pink Moon* wird das Verhältnis der Ruhr-Generationen deshalb auch weitaus weniger rosig und humorig dargestellt. Der Held des Romans, schon sein Name »Nowak« (polnisch: der Neue) verbindet in Klang und Bedeutung das alte mit dem neuen Revier, ist so etwas wie ein Mensch gewordenes Ruhrgebiet der Post-Bergbau-Ära. Denn weder Eltern noch Großeltern vermögen dieser Hauptfigur, einem beruflich durchaus erfolgreichen Mittdreißiger, in seiner zunehmend leerlaufenden Suche nach einem stabilen, gar beziehungsfähigen Selbstbild Halt oder Orientierung zu gewähren. Mit dem Tod der einst alleinerziehenden Mutter intensiviert sich dessen Identitätskrise, führt zu manifesten gesundheitlichen Beschwerden, ja droht sogar selbstzerstörerische Formen anzunehmen.

Der Vater des Arztes, bei dem sich Ich-Erzähler Nowak nach langem Zögern untersuchen lässt, war

> der Hausarzt meiner Großeltern gewesen, Oma und Opa Nowak. Da der Alte jedoch praktiziert hatte, bis er achtzig war, und seine Praxis nicht an den Sohn hatte weitergeben wollen, hatte er sich hier niedergelassen.

Traditionsbrüche und familiäre Verwerfungen also allenthalben – mitten im Revier:

> Hoffmann schloß kurz die Augen. »Herr Nowak, Sie müssen mir schon sagen, wie es Ihnen wirklich geht. Ich kann keine Patienten brauchen, die mich anlügen ... Wenn Sie die Gene Ihres Großvater geerbt haben, werden Sie mindestens hundert. Haben Sie ihn in letzter Zeit gesehen?«
> »Nein, wir haben keinen Kontakt.«
> »Und wie geht es Ihrer Mutter?«
> Ich sagte es ihm. Er nickte.
> »Sie hat es nicht leicht gehabt mit Ihrem Vater. Aber wer hat das schon.«[1]

Die Vergangenheit der heroischen Großelterngeneration will einfach nicht vergehen. Sie beschwert, verzögert und verwirrt jede Suche nach einer Zukunft, die einen Sinn für das Wesentliche bereithielte. In einem sich dramatisch wandelnden Ruhrgebiet litt darunter bereits Nowaks alleinerziehende Mutter, die zwischen Niedriglohn-Sektor und Sozialhilfe pendelte, immer auf der Suche nach einer weiteren Beziehung und Vater-Figur, die, wenn schon nicht Liebe, so wenigstens ökonomische Absicherung versprach.

Held Nowak, der nach seinem Schulabbruch kurz vor dem Abitur lange Jahre durch die Clubszene des wiedervereinigten Berlins gedriftet war, ist mittlerweile Miteigentümer eines hochpreisigen und glänzend laufenden Restaurants im sich gentrifizierenden Bochumer Bermudadreieck. Der totale soziale Abstieg wurde also durch erfolgreiche Flucht in den Dienstleistungssektor vermieden.

Nur, was der neue Ruhr-Held nun mit sich anstellen soll, ja wer er überhaupt ist und sein will, bleibt ihm nach wie vor schleierhaft. Stellvertretend für eine ganze Region lautet die Diagnose im Falle des neuen Ruhr-Mannes Nowak: konkreter Zukunfts-, ja Gegenwartsmangel und protodepressive Bindungsunfähigkeit im Angesicht einer biographischen Vergangenheit, die für denjenigen, der sie als Kind und Jugendlicher in all ihrer Verworfenheit erlebte, in Wahrheit weder zu ironischer noch heroischer Idealisierung Anlass gibt.

Wem es wirklich scheiße geht, weil er nicht weiß, wer er ist oder sein will, dem ist nun einmal kaum damit geholfen, dass es anderen auch scheiße geht, weil sie dies ebenfalls nicht wissen. Im Gegenteil. Das macht es dann für alle nur noch schlimmer.

Goosens Roman endet damit, dass der Protagonist seinen verlorenen, von der Mutter einst für tot erklärten leiblichen Vater an dessen Arbeitsplatz in einem Essener Autohaus ausfindig macht. Ohne sich als Sohn zu erkennen zu geben, verwickelt er ihn dort in ein Verkaufsgespräch über Wohnmobile. An die Stelle einer lösenden Aussprache tritt die Einsicht in den letztlich nur phantasmatischen Charakter der Vaterfigur. Einmal real eingeholt und entzaubert, kommt ihr keine Bedeutung für die eigene Zukunft mehr zu. Sofort stellt sich eine neue Offenheit gegenüber seiner selbst ein wenig geheimnisumwitterten Partnerin ein, einer frisch von der Uni abgegangenen Fotografin, die als Kellnerin im Lokal des Protagonisten jobbte. Nowak, der mittelalte, neue Mensch des Reviers ist endlich bereit, selbst eine feste Beziehung einzugehen:

> Ich verabschiedete mich, überquerte die Straße, setzte mich in meinen Wagen und sah noch ein paar Minuten zu ihm herüber. Er saß an einem Schreibtisch und blätterte einen Prospekt durch. Ich schüttelte den Kopf über mich selbst. Evelyn wartete auf mich. Wir verbrachten den Abend zu-

sammen. Sie erzählte mir, was es mit dem Mann auf dem Foto auf sich hatte. Es war wirklich eine scheußliche Geschichte.[2]

Kein Bild hält mehr gefangen, keine scheußliche Geschichte, keine phantasmatische Vaterfigur bannt mehr die eigene Entwicklung. Ein wahrer Neuanfang wird möglich.

SEILTANZ

Gleich rechts über dem riesigen Plasmabildschirm in dem kathedralengleichen Wohnzimmer jenes marmornen Stadtschreiberhauses, das nun schon seit Monaten mein Ruhrgebiet bedeutet, hängt ein großflächiges Gemälde. Es zeigt einen in Narrentracht gekleideten Seiltänzer. Das Seil, auf dem er mit weit ausgebreiteten Armen balanciert, führt über die Dächer einer mittelgroßen Stadt. Gewiss kein Dorf, aber auch keine Metropole. Man sieht, wie der Narr auf halber Strecke innehält.

Stilistisch ein Hybrid aus Expressionismus und sozialistischem Realismus, stammt das Gemälde vermutlich aus den achtziger Jahren. Auf den Kirchturm der Stadt ist ein Wassertrichter gepfropft, im unteren Drittel sieht man chagallartig gezeichnete Figuren einer in Auflösung begriffenen Familie – drei Generationen, die wie in einem verzerrten Traumbild bei Kaffee und Kuchen zusammensitzen.

Der Himmel nimmt fast die Hälfe der gesamten Bildfläche ein. Er ist blaugrau, als ob ein kalter Sturm aufzöge, was den närrischen Seiltänzer indes nicht zu beunruhigen scheint. Ohne erkennbare Angst oder Scham sind seine Augen Richtung Betrachter gerichtet, als würde er wie in Trance über sein Hochseil wandeln oder gar: schlafwandeln.

Lange weiß ich mir keinen Reim auf dieses Gemälde zu machen. Es interessiert und stört mich. Offenbar ein Bild aus dem Ruhrgebiet für das Ruhrgebiet, weshalb sonst hätte man es in diesem Hause an so zentraler Stelle aufgehängt? Aber was, wenn überhaupt, will es sagen?

Erst als ich über die drei Ruhr-Bücher schreibe, die mit dem Tod eines Elternteils einsetzen, fällt mir ein, worauf sich dieses Bild bezieht. Nämlich auf den Beginn von Friedrich Nietzsches prophetischer Gründungsschrift *Also sprach Zarathustra.* Diese beginnt mit Zarathustras Entschluss, nach langen Jahren des Rückzugs und der Gedankensammlung von seinem einsamen Berge hinabzusteigen, um den Menschen seine neue Lehre von der Umwertung aller Werte und vom neuen Übermenschen zu verkünden.

Bei seinem Abstieg trifft Zarathustra zunächst einen Heiligen im Walde (»Sollte es denn möglich sein! Dieser alte Heilige hat in seinem Walde noch nichts davon gehört, dass Gott tot ist.«[1]), den er aber bald hinter sich lässt, um sich auf den Weg in die nächstgelegene Stadt zu machen. Als er sie erreicht, tritt auf deren Marktplatz ein Seiltänzer auf, was Zarathustra dazu inspiriert, diese Figur während einer langen Rede zum Sinnbild seiner Mission zu erklären. Der neue Mensch, den es zu erschaffen gilt, verkündet Zarathustra dem staunenden Volke auf dem Marktplatz, nämlich sei

> ein Seil über einem Abgrunde. Ein gefährliches Hinüber, ein gefährliches Auf-dem-Wege, ein gefährliches Zurückblicken, ein gefährliches Schaudern und Stehenbleiben. Was groß ist am Menschen, das ist, daß er eine Brücke und kein Zweck ist, was geliebt werden kann am Menschen, das ist, daß er ein Übergang und ein Untergang ist.[2]

Ein Seil über dem Abgrund, ein gefährliches Hinüber, ein Untergang und Übergang – ließe sich der Weg des Ruhrgebiets, seine mögliche Mission, auch im Jahre 2020 poetischer und treffender fassen?

AUFWACHEN

Das Gemälde zeigt also den dunklen Narrentraum von einem Revier als Schlafgebiet, und weist zugleich den Ausweg aus dieser Vision. Die Überväter des Reviers – seine mythisch überhöhten Götter – sind tot. Ein Sturm zieht auf. Was tun, damit er nicht alles mit sich hinwegreißt? Jede Familie von innen heraus zersprengt und entfremdet?

Vor allem aber: Was, wenn der Narr, so auf seinem Seile wandelnd, plötzlich erwachen würde? Man ihn mit einem Pauken- oder Glockenschlage seiner Trance entrisse? Würde er den Mut finden, weiter vorwärts zu balancieren? Oder doch lieber umkehren, heim, zu seiner Familie, um weiter bei Kaffee und Kuchen zu sitzen und olle Kamellen zu erzählen?

Gerade so, als ob der Sturm seiner Heimat nicht weiter drohte. Gerade so, als ob auf ihren heiligsten Stätten nicht schon lange falsche Pfropfen säßen?

III SCHLUSS MIT DIE FISSEMATENTEN!

SATT IM POTT

Seit Jahren folge ich auf Reisen eisern der einen Bestellregel: Sofern angeboten, immer die ortseinschlägigen Spezialitäten! Also Rentier in Rovaniemi, lecker Fritten in Amsterdam, Pelmeni in St. Petersburg, Geschnetzeltes in Zürich und Känguru in Alice Springs. Beim Blick auf die Speisekarte einer Sonnenterrasse nahe dem Bochumer Stadtpark ergibt sich damit: *Ruhrpott Tapas*, angepriesen als bunter Variationenteller aus Currywurst, Mettbrötchen, Mini-Bouletten sowie einer Salatbeilage (Kartoffelsalat mit Mayo und Speck). Wer nicht sterben will, kann dazu nur ein Fiege bestellen – das blonde Bier dieser grauen Stadt.

Ich beglückwünsche mich innerlich, den Tagesausflug allein unternommen zu haben und also ob meiner Bestellung interfamiliär niemandem Rechenschaft ablegen zu müssen. Überdies zeigt sich mein Metropolenschreibergewissen durch einen enorm fleißigen Frühsommertag gereinigt: Die Jahrhunderthalle wurde mehrfach rituell umrundet, das hiesige Bergbaumuseum ebenso. Auf meinen anschließenden Wegen durch den Stadtpark stellen sich, zwischen friedlich mümmelnden Hasen, erstmals so etwas wie Heimatgefühle und Orientierungssicherheit ein.

Die Pfade führen zu Springbrunnen und Denkmälern für die Kriege des 19. Jahrhunderts. Herrschaftshäuser aus der Gründerzeit umranden die Anlage. Ein Tierpark schließlich schmückt das Grüngefilde. Insgesamt ein geradezu klassisch zu nennendes städtebauliches Arrangement, wie ich es aus meiner Heimatstadt Karlsruhe kenne. Alles ist bestens erhalten, gewartet und weitestgehend graffitifrei, also, um es mit der harten Ruhrliebe eines Frank Goosens zu sagen, ein Ort, »der zu den wenigen Dingen unserer Stadt gehört, die objektiv schön sind«[1].

Die studentische Kellnerin der Lokalität scheint tatsächlich spanische Wurzeln zu haben. Als das Bier gebracht wird, frage ich, ob sich das Mettbrötchen vielleicht durch eine weitere Mini-Boulette ersetzen ließe. Offenbar ein Inlandstouristenwunsch, den sie nicht zum ersten Mal hört. »Ruhrpott-Tapas« – Respekt für die Wortschöpfung! Regionalkult meets Weltoffenheit, Atze goes Fusion. Oder eben: Woanders schmeckt's auch scheiße.

Im Geiste entwerfe ich einen kommenden Weltbestseller á la Yotam Ottolenghis *Jerusalem*. Anstatt vegetarisch-orientalischer Traditionstraumgerichte, bei denen jeder Bissen von der friedvollen Koexistenz der drei großen Monotheismen in einer ballaststoffreicheren Zukunft kündet, fänden sich in diesem erstklassig fotografierten Schwarz-Weiß-Band ausschließlich fleischbasierte Cholesterolchampions für den Männerhunger zwischendurch, mit Rezepten, die selbst der geschiedene, alkoholkranke Mittfünfziger auf Stütze zu Hause problemlos nachkochen kann, sollte das Büdchen wider Erwarten doch einmal zuhaben. Das Ruhrgebiet erschiene in diesem Band nicht etwa als heilige Stadt der großen Weltreligionen, sondern als Europas vernarbter Bauchnabel und prophetischer Ursprungsort des fossilen Kapitalismus. Arbeitstitel: *Essen – Das Kochbuch*.

In der *WAZ* vom Vortag wird der Rückzug von Clemens Tönnies aus allen Ämtern bei Schalke 04 verkündet. Erst der Rassismus-Ausfall, dann die Ergebniskrise, jetzt noch der massive Corona-Ausbruch unter seinen osteuropäischen Keulern – gemäß der stark normativ durchdrungenen Sicht des gemeinen, politisch bewegten Twitterjournos aus dem Prenzlauer Berg avancierte Fleisch-Milliardär Tönnies damit endgültig zur paradigmatischen Verkörperung des Zeitgeistbösen. Versorgten Tönnies' Fabriken die Republik mit veganen Würstchen anstatt Grill-Bruzzlern aus Fleischabfällen, er wäre gewiss noch lange Schalke-Boss geblieben (andererseits: in diesem Fall dort wohl nie Boss geworden). Zumindest taugt er in diesen frühen Tagen des Sommers 2020 als der perfekte Sündenbock für das immer schlechtere Gewissen eines ganzen Landes.

Genau wie Aki Watzke ist auch Tönnies Westfale. In den Ränkespielen des Bindestrich-Landes Nordrhein-Westfalen fungiert das Ruhrgebiet allenfalls als Übergangsstation. Seit Jahrzehnten wird das Revier faktisch von Norden nach Süden durchregiert, von Arnsberg durch Oberhausen nach Düsseldorf. Auch eine dieser Wahrheiten über den Pott, die jeder kennt, aber keiner zur Kenntnis nehmen will. Die drei in diesem Sommer aussichtsreichsten Bewerber für den CDU-Bundesvorsitz stammen allesamt aus NRW, zwei aus Westfalen. Keiner aus dem Revier.

MAUVAISE FOI

Weder ist der heutige Pott das, was er einst war. Noch das, was er zu sein glaubt. Noch das, was er offenbar glaubt, auch in Zukunft sein zu sollen. Wie leicht das Bild, das man sich von sich selbst zu machen gelernt hat, zu einem Verlust eigener Gestaltungsräume führt, illustrierte der tief karnivore Caféhausphilosoph Jean-Paul Sartre einst am Beispiel eines Kellners auf den Pariser Boulevards, der existenziell so weit in seiner Rolle aufgeht, dass er sich gar nicht mehr vorstellen will und kann, jemals etwas anderes zu werden noch gewesen zu sein. Diese scheinfeste Blindheit für die faktische Offenheit jedes Daseins bezeichnet Sartre als »mauvaise foi«, also einen »schlechten Glauben« oder auch ein »irreführendes Bekenntnis«. Schließlich geht keine Existenz ganz und gar in der Rolle auf, die ihr von anderen zugesprochen wird – und die sie irgendwann für sich verinnerlichte. Wachte ebenjener Kellner eines Nachts mit der unbeirrbaren Gewissheit auf, sein gesamtes Leben mit einem Schlag ändern zu müssen, weil er in Wahrheit bereits seit drei Jahrzehnten die tiefe innere Bestimmung zum Konzertpianisten in sich spürte, erläge er mit einem solchen Authentizitätsanfall ebenfalls einer Form der mauvaise foi, weil er nämlich seine faktisch durchaus gegebenen Änderungs- und Entwicklungsmöglichkeiten radikal falsch einschätzte.

Wie sähe das Selbstbild eines Ruhrgebiets aus, das mit Blick auf die Zukunft beiden genannten Formen der mauvaise foi zu entgehen verstünde? Das sich und anderen mehr bieten will als nur Currywurst und Mettbrötchen, ohne dabei gleich der kulinarischen Vision eines endveredelten Tontopf-Häppchens vom andalusischen Weidestier zu verfallen? Raúl auf Schalke, Tönnies und seine tiefen Taschen. Ach.

TODESKREISEL

Tatsächlich liegt es besonders nahe, sich besagter Mauvaise-foi-Problematik zunächst in Sachen Revier-Fußball zu widmen. Also ergebnisoffen die Frage zu stellen, ob die Traditionsvereine des Reviers in Wahrheit jene Malaise verkörpern, als deren Therapie sie sich anpreisen? Wirtschaftlich, sozial, stilistisch.

Ob etwa Gelsenkirchener Brennpunktstadtteile wie Schalke oder Schalke-Nord, in denen sich sämtliche Probleme des Ruhrgebiets als Schlafgebiet (im Sinne der Bottroper Protokolle) beispielhaft verdichten, wirklich erneuernde Kraft und Zuversicht aus der

Tatsache schöpfen werden, dass dort einstmals das Ursprungsstadion eines Fußballvereins stand? Sind städtische Regionen, die strukturell weitestgehend abgeschrieben sind, europaweit nicht besonders treffsicher daran zu erkennen, dass deren gesamtes Selbstbild von betreffenden Fußballvereinen dominiert wird, wie etwa Liverpool, Neapel oder Kaiserslautern?

Im Jahre 2020 ist Schalke 04 der größte private Arbeitgeber Gelsenkirchens. Mit dem Rückzug des selbsternannten Ruhrbarons Tönnies droht der Verein nun in die Zahlungsunfähigkeit zu rutschen. Zumal das große, mythische Schalke der späten dreißiger sowie späten fünfziger Jahre, auf das man sich gleich einem Heilsversprechen dort noch immer beruft, damals ja das exakte Gegenteil eines erdwüchsigen Malocherclubs einander bedingungslos ergebener Kampfschweine verkörperte.[1] Durch Mäzene und deren bestenfalls scheinlegale Beschäftigungsarrangements der Konkurrenz wirtschaftlich weit überlegen, hielt man die Gegner zu Zeiten des legendären Schalker Kreisels vielmehr durch einen technisch feinen Ballbesitzermüdungsfußball klein, einer Art Tiki-Taka avant la lettre.

Von der Mythospflege zur Lebenslüge ist es auch im Ruhrgebiet nur ein Schritt. Gerade in seinen Traditionsvereinen. Gerade in Bezug auf deren wahlweise frei erfundene oder bewusst verstellende Traditionen und Selbstbilder.

SONNENKINDER

Mein letztes Spiel im Revier sah ich präcoronesk auf Einladung eines Chemie-Unternehmens im Westfalenstadion, also dem Signal-Iduna-Park. Die börsennotierte Borussia empfing im Dezember 2019 den Rasenballsportverein aus Leipzig. Ein pikantes Treffen, zumal die Dosenfußballer aus den neuen Ländern als Tabellenführer anreisten und die schwächelnden Bayern gerade ihren Trainer Kovač gegen die reine Übergangslösung Hansi Flick ausgetauscht hatten. Mit einem Sieg würden Dortmunds junge Hummeln das Tor zur Meisterschaft also weit aufstoßen können, der ersten seit 2012. Bereits eine Stunde vor Spielbeginn, wir können es durch die Scheiben des Hospitality-Bereichs gut erkennen, rollt die Süd Protestplakate aus, die das absolut authentisch Eigene gegen das rein künstlich kommerzgetriebene Andere verteidigen.

Im Vorfeld hatte ich M. kontaktiert, ob er mich für Sitzplatz und fein Fresschen nicht ins Stadion begleiten wolle. Ich kannte ihn zuvor nur über Twitter. M. gehört seit vielen Jahren zum Inner Circle der Dortmunder Fanszene und wird von überregionalen Medien gelegentlich auch als deren Repräsentant angefragt. Ein promovierter Theologe Mitte dreißig, der als Gymnasiallehrer im Sauerland unterrichtet. Nach zwei Kennenlern-Currys nehmen wir mit frisch gefüllten Plastikbechern unsere Tribünenplätze ein.

Heute sei ein ganz besonderer Tag, erklärt M., der »Sonnenkinder aus Selm« wegen. Der Kinderchor singe seit Jahrzehnten vor Weihnachten für die Fans, aufgrund akuter Nachwuchssorgen nun aber zum letzten Mal. Nach dem heutigen Auftritt löse man sich endgültig auf.

Selm, nie gehört. Liegt das im Ruhrgebiet? Die Frage überfordert selbst meinen Lokalexperten. Er zieht sein Smartphone und liest nach kurzem Googeln vor: »Selm liegt im südlichen Münsterland nördlich der Lippe … Die Ministerkonferenz für Raumordnung legte fest, dass Selm innerhalb der Metropolenregion Rhein-Ruhr liegt. Dem städtischen Verdichtungsraum des Ruhrgebiets wird Selm demnach also offiziell zugerechnet. Die Stadt Selm nahm deshalb auch am Kultur- und Großprojekt Ruhr 2010 teil.«

M. winkt ab. Auch während der Partie, wie sich zeigen wird, seine präferierte Geste.

Zuvor aber stürmen geschätzt 40 Sonnenkinder, die Mehrheit davon stark übergewichtig, euphorisiert auf den Rasen. Die Musik kommt aus der Konserve, die Stimmen auch. Half-Playback, nur um sicherzugehen.

Die Süd wird zu einem Meer von Wunderkerzen und grölt tapfer mit, Kehlen ölen für das »Never walk alone« direkt vor Anpfiff. Seit 1997 das ewige Lied der Borussen, eigentlich aber die Hymne des Liverpool FC, und eigentlich ein Song aus einem Musical der fünfziger Jahre, das mit Fußball nicht das Geringste zu tun hat. Das ganze Stadion steht mit Schal in der Höhe. Echte Selbstliebe. An irgendetwas muss der Mensch eben glauben.

GÖTZENDIENSTE

Als wir uns zur Halbzeitpause mit Schmorbraten und Rotkraut an einen Tisch mit dem passenden Sponsorenwimpel setzen, klagt M. über die Stadionerfahrung, die eben auch nicht mehr so sei wie früher. Zu teure Karten, zu viele Event-Fans. Was die Borussen-Foren aber vor allem beschäftigt, ist der verlorene emotionale Kontakt zur Mannschaft. Wenn er ehrlich sei, stünde da kein einziger Spieler auf dem Platz, mit dem er sich voll identifizieren könne, sagt M., und gibt mir dann auf ausdrückliche Nachfrage eine mögliche Erklärung für den Fall Mario Götze: Ein Jahrhunderttalent, Klopps goldenes Kind, Posterboy eines neuen Reviers, ein echter Professorensohn aus Dortmund, so cool wie Ricken, so genial wie Messi. Die Sache mit der Rückholaktion von den Bayern, holt M. aus, sei dabei, wenn überhaupt, wie folgt begreifbar zu machen: Aki Watzke, so jedenfalls werde es einander, freilich ohne letzte Gewähr oder gar Bestätigung, in Fankreisen zugetragen, pflege eine Art Privattheorie über WM-Final-Siegtorschützen. Das wirke wie ein biographischer Fluch, da komme ein Spieler nie mehr drüber hinweg. Sofern ein Verein dieses Schicksal nicht trotzdem voll stütze und trage, lande der betreffende Mensch irgendwann in der Gosse oder gar Schlimmeres. Und das falle dann eben auch wieder auf den Ursprungs-Verein zurück. Das sei bei Helmut Rahn und Rot-Weiss Essen so gewesen, habe Gerd Müller gedroht. Wie es mittlerweile um Brehme und Kaiserslautern stehe, sei ja bekannt. Der Fluch bestehe demnach darin, das eigene Leben nur noch als Nachleben erfahren zu können. Und genau deswegen, das jedenfalls wäre eine Rationalisierung des Geschehens, habe der Aki den Mario zurückgeholt, als Dortmunder Jungen, um ihn sozusagen vor sich selbst zu retten – und das Gewissen des Vereins gleich mit. Nur auf dem Platz ernsthaft zu gebrauchen sei er eben nicht mehr. Und jetzt versuche man, ihn doch wieder loszuwerden, was aber schwierig sei, bei dem Gehalt sogar praktisch unmöglich, vor allem da Götze sich selbst weiterhin für absolute Weltklasse halte. Könne man sich im Einzelnen gar nicht vorstellen, was da in dessen Umfeld so abgehe.

Es ist der Moment, in dem unser Tischnachbar vom anderen Sponsorenwimpel nicht länger an sich halten will – Typ aus erfolgreicher Selbstständigkeit spät berufener Golfer. Eine Schande sei das, sagt er, wie man hier über den Jungen spreche, vor allem aber ihn im Verein behandle. So einen herausragenden Fußballer auf der Bank versauern lassen, das könne er einfach nicht verstehen, vor allem aber dem Trainer nicht verzeihen.

Wieder kein Sieg. Es ist ein typischer Dortmunder Abend der Post-Klopp-Ära. Nach Spielende wird an den Stehtischen viel mit dem Kopf geschüttelt. Die einen schieben es auf die mangelhafte Raumordnung, die meisten aber auf den fehlenden letzten Biss. Meister, da herrscht im Hospitality-Bereich biertrübe Einigkeit, werde man mit diesem Trainer gewiss nicht.

BETONKÖPFE

Auf meiner Sonnenterrasse am Bochumer Stadtpark gedeiht derweil die Überlegung zu einer Hörspielparabel aus dem Ruhrgebiet mit dem Titel »Der wahre Fußball ging verloren«, in dem drei Fans bei Currywurst und Mini-Bouletten in ein Streitgespräch eintreten, welcher Club denn nun als der wahrhafte, eigentlich ursprüngliche des gesamten Reviers zu gelten habe. Schalke (Stimme von Peter Lohmeyer), Dortmund (Stimme von Joachim Król), Rot-Weiss Essen (SprecherIn, noch zu bestimmen). Wobei mir persönlich ja der VfL Bochum als plausibelster Kandidat erschiene, einst selbsternannt »unabsteigbar« und spätestens seit dem Abstieg von 1993 von einem herrlich ungeklärten Verhältnis zu eigenen Ambitionen geprägt. Zudem ein Verein, dessen Geschichte und »ehrwürdige Tradition«, in den Worten seines Edelfans Christoph Biermann, in Wahrheit so verworren und weitenteils rein erfunden ist, dass man sich bei näherer Betrachtung wünschen würde, er »hätte besser gar keine«.[1]

Wie schwer es ist, ganz neue Fäden in die mutmaßlich ureigene Identität hineinzuweben, zeigt sich auch am letzten Tagesziel meines Stadtausflugs: der Uni Bochum. Bis heute die einzige Bildungsinstitution der Republik mit eigener Autobahnausfahrt.

1962 gegründet, ist die Ruhr-Universität zudem die erste Hochschule in der Geschichte des Reviers. Wie verlassene Raumschiffe einer besonders betonlüsternen Lebensform dämmern die Gebäude an diesem Corona-Samstag dem Sonnenuntergang entgegen. Keine Menschenseele, nirgendwo. Anstatt durch Straßenschilder und ehrwürdige Stifternamen sind die Hauptgebäude – Militärarealen, Atomkraftwerken oder finnischen Kindergartengruppen gleich – allein nach Großbuchstaben voneinander unterschieden. So sieht es also aus, wenn Architekten Gleichheit mit Gerechtigkeit verwechseln und die erhoffte sozialdemokratische Funktion ganz und gar die Form bestimmt. Wenigstens hat man damals noch etwas versucht, wirklich dran geglaubt – und tatsächlich vieles erreicht. Über 40000 junge Menschen studieren derzeit hier. Die Ruhr-Uni zählt damit zu den zehn größten Hochschulen des Landes und ist der mit Abstand größte Arbeitgeber Bochums. Dennoch rangiert sie mit Blick auf das öffentliche Image der Stadt nach Opel und dem VfL bestenfalls auf Platz 3.

Diese ruhrtypischen Relevanz-Verzerrungen sind

natürlich kein Zufall. Vielmehr stehen sie beispielhaft für den bleibenden Unwillen einer ganzen Region, sich neuer Stärken auch symbolisch anzunehmen. Gemeinsam gedacht und vernetzt, zählen die Hochschulen der Metropole Ruhr, von Duisburg über Essen bis nach Bochum und Dortmund, weltweit zur absoluten Spitze. Ein »Studienpass Ruhr«, der es jedem Studierenden erlaubte, jeden in der Region angebotenen Kurs von jeder Hochschule aus an jeder Hochschule des Reviers zu belegen und anzurechnen, existiert indes bis heute nicht. In Wahrheit gibt es ja nicht einmal eine Verkehrsverbundkarte Ruhr. Weder für Studierende noch den Rest der Bevölkerung. Womit der »Verdichtungsraum des Ruhrgebiets« im Jahr 2020 wohl als die einzige Metropolregion Europas ohne solch ein Angebot dasteht. Selbst in Grönemeyers Stadt-Hymne wird die Universität mit keinem einzigen Wort besungen. Wie hätte die betreffende Zeile auch lauten sollen: »Bochum, ich studiiier in Diiiir!« Die 40 000 Kehlen, die so etwas beim ausverkauften Konzert in der Vonovia-Arena aus tiefsten Revier-Herzen grölen wollten, müssen selbst im Jahre 2020 wohl erst noch geboren werden.

FAUST AUF FAUST

Rückkehr nach Mülheim. Zu den unheimlichsten Fragen, die man über das Ruhrgebiet stellen könnte, gehört diese: Stellen Sie sich vor, das Revier wäre eine

Person. Welches Geschlecht hätte sie? Dass diese Frage meines Wissens bisher noch nie öffentlich diskutiert wurde, liegt vermutlich daran, dass die Antwort darauf so grotesk eindeutig ist. Ob Bergbau, Fußball, Kulinarik, Industrie, Pop, Promis oder Museumskultur, sämtliche leitenden Identitätsstränge des Ruhrgebiets sind, wie man leicht technisch sagen könnte, distinkt männlich codiert – oder eben gefärbt.

Seien es Bildbände, Fernsehdokumentationen, Ausstellungen und selbst die Literaturgeschichte, auf den Gedanken, dass hier im Revier durch die Zeiten hindurch gut 50 Prozent der Einwohner weiblichen Geschlechts waren, käme man als interessierte BetrachterIn nicht ohne Weiteres. Klar, es gibt Tana Schanzara, es gibt Elke Heidenreich, es gab die große Pina Bausch, aber danach wird es meiner Befragungserfahrung nach sehr schnell sehr dünn.

Die ikonischen Gestalten des Ruhrgebiets, in Historie oder Fiktion, sind mit anderen Worten allesamt Männer, die wirklich identitätsprägenden Geschichten, vor allem im dominanten Medium des Films, allesamt Männerstoffe. Vom Theo, der gegen den Rest der Welt kämpft, über die Manta-Gang, vom Wunder von Bern bis zu dem Jungen, der an die frische Luft muss, und den Literaturverfilmungen Adolf Winkelmanns. Noch Jahrzehnte nach deren Untergang überträgt sich die reine Männerwelt unter Tage ungebrochen auf ein rein männliches Image des Ruhrgebiets als Region, mit Testosteron-Kommissar Schimanski als prägender Scharniergestalt (»Hart trainiert seit diesen Tagen, bist du heut auf alle Fälle ...«). Unvermeidlich nennt ihn die ARD heute auf ihren Webseiten den »Kult-Kommissar« aus Duisburg.

Der Identifikationsmodus des »Kult«, aus dem das Ruhrgebiet spätestens seit Beginn der neunziger Jahre sein Selbstbild neu zu schöpfen begann, liegt indes ebenso absehbar in den letzten Zügen wie einst die Kumpel-Kultur, auf der er ironisch auflehnte. Um sich dies klarzumachen, muss man nur einmal die Frage stellen, wie die leitenden Identifikationsangebote des Revier-Kults auf die heutige, vollends unironisch gestimmte Generation der politisch bewegten Gretas, Luisas und Finns dieses Landes wirken mögen. Wer mit den Augen ökologisch bewegter, geschlechterkritischer und ernährungsbewusster SchülerInnen und StudentInnen auf all das blickt, wofür das Ruhrgebiet als im Kern nostalgisches Identitätsangebot steht, wird herzlich wenig finden, was wirklich identifikatorisches Potenzial in sich trüge.

Im Gegenteil, der kultivierte Kult ist ein abstoßender. Das beginnt mit der Currywurst- und Pils-Kulinarik, geht über den gerade im Revier vollends männlichen Fußball (mit der Ausnahme des MSV Duisburg ist kein größerer Ruhr-Club in der 1. oder 2. Frauenbundesliga vertreten, Borussia Dortmund meldete gar erst 2020 überhaupt ein Frauenteam an). Es gilt für die Begehungskaskade der Route Industriekultur, deren Dutzende stillgelegte Standorte einander in

Wahrheit genauso stumpf gleichen wie die Burgen und Schlösser der Kurpfälzer Wälder (wie Charles Bukowski auf dem Heidelberger Schloss gesagt haben soll: »Hat man eines gesehen, kennt man sie alle.«). Und es gilt leider auch für das Gros der darin realisierten Ausstellungen.

So widmet die zweistöckige ständige Ausstellung des Regionalmuseums des Ruhrgebiets auf Zeche Zollverein den Frauen-Vereinigungen des Reviers gerade einmal einen halben Vitrinengang. Die im selben Museum befindliche, geologisch hoch informative Sonderausstellung »Gegenwart, Gedächtnis und Geschichte des Ruhrgebiets – Von der Entstehung der Kohle vor 300 Millionen Jahren bis zum heutigen Strukturwandel der Metropole Ruhr« verwendet, soweit ich es als Besucher ermitteln konnte, keinen expliziten Gedanken an die Frage, was der erfolgte Abbau ebenjener 300 Millionen Jahre alten Kohle wohl die kommenden 300 Millionen, 30 000 oder nur 300 Jahre für die Region (und die Welt) bedeuten wird. Dabei mag ebendiese Zeche als Weltkulturerbe womöglich schon der kommenden Generation nicht mehr vorrangig als Denkmal dienen, sondern als Mahnmal.

PARASIT

Vermutlich sind es die Ruhrpott-Tapas, jedenfalls finde ich an diesem Abend nur schwer in den Schlaf. Mitten in der Nacht dringen aus der Küche eigenartige Geräusche an mein Ohr. Ein ständiges Huschen und Schmatzen, mitunter gar vielstimmiges Summen. Weshalb der Dackel wohl nicht anschlägt? Wie im Fieber wanke ich die Treppen hinab, prüfe Verandatür und Eingang. Doch eine dunkle Ahnung zieht mich weiter hinab gen Keller. Das war doch nicht alles eingebildet. Auch in Garage und Sauna nichts Auffälliges. Da ist es wieder, dieses metallene Klimpern. Hinter dem Wäschetrockner eine versteckte Tür. Einen Spalt steht sie noch offen und führt auf eine Art Stollen, den man hinabkriechen kann, weit und immer weiter unter das eigentliche Fundament meines Marmorpalastes in Mülheim an der Ruhr. Und dann sehe ich sie, von fern flackern die Lampen ihrer Grubenhelme: eine Gruppe echter Kumpel, die sich im feuchten Dunkel eines kahlen Betongewölbes an unseren Corona-Vorräten schadlos hält. Sogar unser Klopapier haben sie gemopst! Wie lange diese Menschen wohl schon hier hausen? Den fahlen Gesichtern und grauen Bärten nach zu schließen, möchten es mehrere Jahrzehnte sein. Es ist der Kanarienvogel, der mich verrät. Ich will davonrennen, stehe wie angewurzelt, offenbar bewegungsunfähig. Doch sie beachten mich gar nicht, sondern machen einfach in aller Ruhe weiter, als sei in Wahrheit ich der Geist und nicht sie. Noch bevor ich schreien kann, wache ich auf. »Wieder schlecht geträumt?«, fragt P. mit Augen so offen und weit, als hätte sie bereits die ganze Nacht über mich gewacht. »Du, ist doch in Wirklichkeit alles gar nicht so schlimm.«

WEIL WIR DICH LIEBEN

Ist es auch nicht. Ist es wirklich nicht. In Wahrheit bin ich unfassbar glücklich hier. Jedenfalls so glücklich, wie man es in diesen Zeiten sein kann. Bereits der Morgen beginnt in diesem Landstrich mit Bäckereibrot einer Qualität, wie ich sie in ganz Berlin nicht zu finden wüsste. Und dabei rede ich noch nicht einmal von rustikalen Köstlichkeiten, die es auf dem Samstagsmarkt in Saarn, gewiss einem der schönsten des gesamten Landes, nach stets zugewandtem Plausch zu erwerben gibt. Ich liebe die Weite der Wälder dieser Region, deren Existenz ich nie geahnt hätte. All die seltsam wohlerzogenen Hunde, die auf ihren Pfaden streifen, sowie das latent kommunikationsoffene Grüßen ihrer Herrchen und Frauchen, die sich auch gern so nennen lassen. Ich liebe das beständige, ungefragte Klagen seiner Taxifahrer, die sich vom Bahnhof Duisburg aus keineswegs dafür entschuldigen, nur Barbezahlung zu akzeptieren. Ich liebe die Ruhr-Riviera von Kettwig, ihre langen Flaniermeilen den grünen Fluss entlang; die Ampütte von Essen mit ihren »diversen warmen Gerichten«, die alle gleich und alle gleich köstlich sind, und auch, dass man nur 30 Meter auf der anderen Seite der Rüttenscheider Straße, im Wirtshaus Rü, das identische Menü noch einmal je einen Euro günstiger bekommt, vor allem aber dessen Facebook-Hashtags #gemütlich #kommunikativ #herzlich #lustig #leckerbierchen #kegelbahn, die allesamt der Wahrheit und nichts als der Wahrheit entsprechen. Ich freue mich jedes Mal fast zu Tode, wenn ich Freunde auf der A40 von Mülheim nach Essen dorthin chauffiere und wir dann gemeinsam unter einer Betonbrücke hindurchzoppeln, auf der tatsächlich »Rahn müsste schießen« steht. Ich kann ihnen gar nicht sagen, wie glücklich es mich gemacht hat, gleich dreimal mit der ganzen Familie umsonst gen Villa Hügel gefahren zu sein, weil die Website sagte, es sei offen, die Schranke dann aber coronabedingt doch nicht für uns hochging und wir dann also, alle gemeinsam, linker Hand in einen tropischen Zauberwald hineinspazierten, wo ganze Felder von Rhododendren sich in strahlender Blüte die Böschungen hinabschmiegten. Womöglich gibt es auf dieser Welt einen gelungener modernisierten Innenhafen als den von Duisburg, aber mit eigenen Augen gesehen habe ich bisher keinen. Und wo wir gerade davon sprechen: Welche Erfahrung käme einem geradezu extraterrestrischen Gefühl von Erhabenheit näher als das Erklimmen der Schurenbachhalde mit seiner monolithischen Bramme? Dereinst gewiss der Hügel, von dem aus wir Kontakt aufnehmen.

Es fehlte nicht viel, und ich würde auch für das kommende Jahr alles stehen und liegen lassen, um gemeinsam mit meinem einst besten Schulfreund, der hier im Ruhrgebiet, nebenbei bemerkt, in weniger als zwei Jahrzehnten ein global vernetztes Unternehmen aufgebaut hat, dessen Sohn eine lange B-Jugendsaison bei seinen Auseinandersetzungen mit den besten Nachwuchsmannschaften des Reviers zu begleiten. Ich tue es nur nicht, weil ich dann fürchtete, nie wieder von diesem Gebiet loszukommen. Was ich sagen will: Ich bin wahnsinnig gerne hier, fast ein bisschen verliebt. Deswegen tut es ja auch besonders weh zu sehen, wie sehr sich diese Region mit ihrem tief verinnerlichten, allzu binnensolidarischen und durchaus protodepressiv getränkten Nostalgiekitsch selbst im Wege steht. Und irgendwie kein rechtes Gefühl für den offenbaren Abgrund entwickeln will, der das, was sie heute bereits ist und vor allem sein könnte, von dem trennt, wofür sie sich noch immer meint, halten zu müssen.

Es ist ein seltsames, fast quijoteskes Paradox: Da, wo faktisch bereits mächtige Zukunftsriesen stehen, vermeint das Ruhrgebiet für sich nur alte Windmühlen sehen zu können. Überall dort, wo seine Schönheiten wahrhaft eigen, einzig und sprießend sind, glaubt es dem Fremden beständig mitteilen zu müssen, dass es sich bei seinen Dulcineas in Wahrheit nur um ungepflegte Hippen handelt. Da passt etwas ganz grundsätzlich nicht zusammen. Hat es wohl von Beginn an nicht getan.

DAS RUHR-PARADOX

Vertraut man verfügbaren Quellen und Zeitzeugen, besteht das spezifische Paradox des Ruhrgebiets darin, just zum Zeitpunkt seiner mutmaßlich höchsten Identitätsfeste, also vor allem in den fünfziger und sechziger Jahren, im Bewusstsein seiner damaligen Bewohner als solches durchaus nicht existiert zu haben. Vielmehr beschränkten sich die heimatlichen Selbstzuschreibungen damaliger »Ruhris«, die einander natürlich nicht und nie so nannten, auf einzelne Städte, Stadtteile oder gar Haldenbezirke. Mit den Worten des Historikers Ulrich Herbert, in den fünfziger Jahren in Mülheim an der Ruhr aufgewachsen:

> Man kam aus Essen, Duisburg oder Oberhausen, oft noch eher: aus Borbeck, Meiderich oder Sterkrade … In Duisburg stand bis Mitte der siebziger Jahre in der Stadtmitte ein großes Richtungsschild, das nach Westen zeigte mit der Aufschrift »Niederlande«, und nach Osten mit der Aufschrift »Ruhrgebiet«.[1]

Ganz ähnlich kommt auch der Geograf Sebastian Kister in einer Forschungsarbeit aus dem Jahr 2018 zu dem Schluss: »Bis Mitte der neunziger Jahre gab es keine gelebte Ruhrgebietsidentität im Revier.«[2]

Das heutige Revier als verbindliche Identitätsregion existierte damals also weder an sich, noch für sich, noch an und für sich. Und Gleiches gilt auch für sogenanntes Ruhrdeutsch oder einen spezifischen Ruhrdialekt. Zwar war in den späten fünfziger Jahren die Möglichkeit eines distinkten, verwurzelnden Regionalbewusstseins bereits zu erspüren, jedoch noch nicht auf den konkreten Begriff gebracht. Es blieb fürderhin, in Heinrich Bölls Formulierung, »Mystik«[3].

Um es in einer Weise zu sagen, deren scheinbare Widersprüchlichkeit allenfalls einem Philosophen nachgesehen würde: Das Ruhrgebiet gibt es erst, seit es das Ruhrgebiet nicht mehr gibt. Also frühestens ab Beginn der achtziger Jahre. Seine Existenz als ein Identitätsgebiet ist die direkte Folge des Untergangs ebenjener Arbeits- und Lebensform, die seine Identität mutmaßlich bis heute ausmacht und stabilisiert. Der Tod des Bergmanns bedeutete die Geburt des Ruhrgebiets. Eine bewusst erlebte Gegenwart als Malocher-Region besaß es indes zu keinem Zeitpunkt seines dynamischen Werdens. Die eigentliche Daseinsform des Reviers ist damit die mythischer Nachzeitigkeit.

Natürlich könnte man hier fragen: Gilt diese Diagnose, sähe man nur genau genug hin, letztlich nicht für jede Regionalidentität, ja Kollektividentität schlechthin? Sind sie nicht alle, um es mit dem Theoretiker Benedict Anderson zu sagen, letztlich »imagined«[1] und also im weitesten Sinne narrativ: Wie etwa eine sächsische Identität, die Identität von PariserInnen, New YorkerInnen, der nigerianischen Igbo oder aber die der Crow im heutigen Montana? Sind all diese mutmaßlich distinkten Identitäten zudem nicht wesensgemäß nachzeitig? Und liegt deren sicherndes Zentrum nicht immer in einer mehr oder weniger erfundenen Erzählung von einem »goldenen Zeitalter«, aus dessen beschriebener Beschaffenheit sich gewisse Verbindlichkeiten und Winke für die Zukunft der jeweiligen Gemeinschaft ableiten?

Einerseits, ja. Andererseits stechen mit Blick auf das Ruhrgebiet gleich mehrere Eigenarten heraus. Anders als beispielsweise im Falle der Sachsen, der PariserInnen, der New Yorker oder auch beim nordamerikanischen Stamme der Crow gab es im Ruhrgebiet keinen realhistorischen Blütezeitpunkt, zu dem sich die Bewohner über dieses Gebiet als Ganzes tatsächlich identifiziert hätten. Ein Sachse zur Zeit August des Starken konnte und wollte voll Stolz (oder auch Pein) angeben, »Sachse« zu sein. Eine Pariserin zu Zeiten Zolas und Baudelaires hatte sehr wohl ein

Bewusstsein und einen Stolz für ihre Stadt als Region, und Gleiches gilt für die Bewohner New Yorks zu Zeiten Mark Rothkos und Susan Sontags; oder zum Ende des 18. Jahrhunderts für die Mitglieder der Crow, da sie zur höchsten Stammesblüte im Konflikt mit ihren ewigen Todfeinden standen, den Sioux. Ein Bewohner des Ruhrgebiets zu Zeiten der fünfziger Jahre konnte und wollte dies indes nicht.

Darüber hinaus kam es im Falle des Ruhrgebiets, ebenfalls anders als etwa bei den Parisern, Sachsen oder Moskowitern, aber durchaus vergleichbar den Crow in Montana (Büffeljagd, Pferdezähmung und -züchtung), binnen weniger Jahrzehnte zu einer vollständigen Einstellung und lebensweltlichen Aushöhlung ebenjener Handlungsformen, die der eigenen Identität als sicherndes Fundament dienten oder dienen.

Drittens kreierte das Ruhrgebiet, als bevölkerungsdichteste sowie über Jahrzehnte wirtschaftlich produktivste Region Deutschlands, jedenfalls in den dafür einschlägigen Künsten, kein Werk wirklich identitätsprägenden Ranges: weder in der Innen- noch Außenwirkung. Einen Balzac des Ruhrgebiets gibt es ernsthaft gesprochen ebenso wenig wie einen Dickens, Joyce, Döblin oder Woody Allen. Keinen Walter Benjamin, Heidegger, Karl Kraus oder Brecht (der sein lange vollmundig angekündigtes Ruhr-Epos bekanntlich nie schrieb). Keine Frida Kahlo, Coco Chanel oder Simone de Beauvoir, keinen Garcia Márquez oder

Roberto Bolaño, ja nicht einmal einen Franz Xaver Kroetz oder Nick Hornby; keinen Sibelius, keinen Cole Porter, keine Édith Piaf. Kein *Downton Abbey*, kein *The Wire*, kein *Babylon Berlin*. Nicht einmal eine *Lindenstraße*. Alle diese Gruben sind leer. Das große Ruhr-Kunstwerk, man muss hier ehrlich sein, existiert nicht. In einer Wirkung am nächsten, zumindest bundesweit, kommt ihm wohl Herbert Grönemeyers Pop-Album *4630 Bochum* aus dem Jahre 1984. Wir sprachen bereits davon. Selbst Kraftwerk wohnt in Düsseldorf.

Auch fällt es bis in die jüngste Vergangenheit hinein schwer, sei es in Dichtung, Musik oder Malerei, eine einzige »Schule« oder auch nur »Gruppe« zu nennen, die sich in ihrem Werden vom Revier aus einen überregionalen Namen gemacht hätte, wie etwa in der Malerei die Leipziger Schule oder die Hamburger Schule im Pop. Identitätstheoretisch gesprochen hat das Ruhrgebiet deshalb zuallererst ein Imago- und erst danach ein Imageproblem. Es hat buchstäblich kein Kunstwerk, in dem sich sein Lebensstil und Daseinsgefühl dauerhaft spiegeln könnte. Das heutige Ruhrgebiet erfährt sich als Region also einerseits als außergewöhnlich identitätsfest, andererseits bleibt es künstlerisch ein weithin unbeschriebenes Blatt. Die zahlreichen höchstklassigen Ruhr-Festivals und -Triennalen machen diesen Befund jährlich nur noch augenfälliger.

DIE SPUR DER SPUREN

Für die ruhrtypische Dialektik von Entwurzelung und Verwurzelung ergibt sich damit eine besonders flach überformte, in der Tiefe aber offene Situation in Bezug auf die Frage, welche Schätze der Vergangenheit und Vorahnungen der Zukunft zur Bewahrung und damit notwendigerweise auch Transformation seiner Identität am Leben erhalten oder gar erst ins Leben gerufen werden sollen.

Diese Frage zeigt sich eng verbunden mit der vierten Besonderheit des Ruhrgebiets als Identitätsregion: Die ökologischen Spuren seiner jüngeren Vergangenheit werden auch dann noch zu erfahren, zu sehen und faktisch wirksam sein, wenn keiner der vorig genannten GroßkünstlerInnennamen noch irgendeiner Menschenseele irgendwo auf diesem Planeten etwas sagen wird – ja selbst dann noch, sollte es auf diesem Planeten irgendwann keine Menschen mehr geben.

Seit seinen Ursprüngen war das Ruhrgebiet viel eher aufgegeben als gegeben. Heute hat seine Gegebenheit als Region den nur noch transzendent zu nennenden Charakter einer ökologischen Ewigkeitsaufgabe – einer Aufgabe also, die jeden verantwortbaren menschlichen Handlungshorizont a priori sprengt. Das Ruhrgebiet des Jahres 2020 ist eine ewige Zukunftsspur.

In kaum 100 Jahren von seinen Menschen geschaffen, erlauben die Tiefen seiner ökologischen Verheerung selbst in Hunderttausenden von Jahren zu rekonstruieren, was die Identität dieser Region für einen kurzen, flackernden Moment eigentlich ausmachte. Das Ruhrgebiet ist ein Revier gewordenes Anthropozän. Bereits heute, mit eigentümlichem Stolz und für jeden Besucher leicht erkennbar, trägt es die Narben eines ganzen Planeten. Wäre das seine eigentliche Zukunftsspur? Und wenn ja: Wie ihr folgen?

WIR KÖNNEN AUCH ANDERS

Was aber bleibt, stiften nicht nur die Malocher. Sondern auch die Dichter. Womöglich wäre es gar zulässig, jede Inspiration, die es ermöglichte, die Energie für einen Aufbruch in eine neue Zukunft freizusetzen, Dichtung zu nennen. Womit die Frage für das Ruhrgebiet zu Beginn der 2020er-Jahre lautet, welche »Dichtungen« der jüngeren Vergangenheit ein besonderes Zukunftspotenzial in sich trugen, gar bis heute tragen: als kollektives Aufstehen, als spielerische Momente wundersamen Gelingens, als visionäre Entwürfe und Gestaltungen. Vor allem vor dem Hintergrund der Tatsache, dass dem Revier derartige Dichtungen im engeren künstlerischen Sinne bisher fehlen.

Neben dem Frühling des Jahres 1997, in dem die letzte große Bergarbeiter-Streikwelle an der Ruhr mit den europäischen Titelerfolgen von Borussia Dortmund und Schalke 04 zusammenfiel, kommen in diesem erweiterten Dichtungssinne sicher auch die ab Ende der achtziger Jahre einsetzenden Planungen der Internationalen Bauausstellung (IBA) unter der Leitung von Christoph Zöpel und Karl Ganser infrage. Gemäß der leitenden Transformationserzählung, die rückblickend unter anderem auch Gerhard Spörl in seinem Ruhrgebietsbuch *Groß Denken, groß Handeln – Wandel, Bruch, Umbruch: Wie das Ruhrgebiet sich neu erfand* auslegt, gelang es diesen beiden »Dichtern«, die Grundlagen zu legen für eine neue Vision davon, was aus dem Ruhrgebiet zukünftig werden könnte und sollte.[1]

Als damaliger Landesminister für Stadtentwicklung, Wohnen und Verkehr vermochte Zöpel gemeinsam mit Karl Ganser eine Zukunftsvision Ruhr ins Werk zu setzen, deren Grundimpuls in der Bewahrung sowie funktionalen Umwidmung größerer Industrieanlagen und ehemaliger Zechen bestand. Zum anderen aber auch in dem Plan, das Ruhrgebiet zerfasernde Industriebrachen zusammenzufassen und diese neu gewonnenen Gesamtgebiete in Naherholungsgebiete umzugestalten beziehungsweise zu renaturieren. Als Leuchtturmprojekte dieser Vision traten ab Mitte der neunziger Jahre der knapp 500 Quadratkilometer große Emscher Park, der Landschaftspark Duisburg, das Gasometer in Oberhausen sowie, als eigentliches Prunkstück, das spätere Weltkulturerbe Zeche Zollverein hervor.

Aus Abwicklung wurde Entwicklung, aus Altindustrie neue Industriekultur. Wobei mit der neuen Hochschätzung der Bauten des Industriezeitalters, in den Worten des Historikers Ulrich Herbert, ganz allgemein auch »ein kennzeichnender Wandel in der Wahrnehmung des Arbeitslebens« und seiner prägenden Bauten und Siedlungen einherging.

> Was lange Zeit und vor allem bei den Bewohnern selbst als ärmlich und antiquiert gegolten hatte, wurde nun vermehrt als Ausdruck proletarischen Gemeinsinns und als erhaltenswert empfunden.[2]

Was dem städteplanerischen Gesamtkunstwerk IBA über diese identitätsöffnende Neudeutung hinaus wegweisenden Charakter verlieh und bis heute verleiht, ist die binnenpolitische Leistung von Ganser und Zöpel. Gelang es diesen doch,

> miteinander rivalisierende Städte für die IBA zu gewinnen. Siebzehn Städte von Duisburg bis Kamen, von Mülheim bis Gladbeck, von Dortmund bis Herten, schlossen sich zu interkommunalen Arbeitsgemeinschaften zusammen. Überall ging es um die Aufwertung der Städte, um den Wiederaufbau der ramponierten Landschaft, um die Ordnung der Siedlungsränder, um die Sanierung der Werksiedlungen, um Wanderwege und Radwege, um Vernetzung und Integration … Das Ruhrgebiet kümmerte sich erstmals umfassend um sich selbst.[3]

Es tat also ab Ende der achtziger Jahre genau das, was es zuvor während gut 20 Jahren kartellhaft gestützter Palliativpolitik nicht getan hatte.

WO DIE GEFAHR AM GRÖSSTEN WAR

Weder die Ölkrise von 1973 noch die Kernkraft-GAUs von Harrisburg und Tschernobyl hatten vermocht, der Kohleindustrie im Revier ein Zukunftsfenster zu öffnen. Im Jahre 1987 arbeiteten bereits weniger als 150 000 Menschen unter dem Dach der faktisch tief defizitären Ruhrkohle AG. Zum Ende des Jahrzehnts gab es insgesamt nur noch 130 000 Bergleute im Revier, deren Arbeitsexistenzen aus öffentlicher Hand derweil mit umgerechnet 7,5 Milliarden Euro jährlich subventioniert wurden. Das machte pro Bergmann gut 54 000 Euro (»Ewigkeitskosten« durchaus nicht miteingerechnet). Die Arbeitslosenquote in den betreffenden Ex-Halde-Regionen stieg derweil auf fast 20 Prozent. Die Sackgassen des Reviers wurde also immer enger.

Just in dem historischen Moment, da das Ruhrgebiet einen vorläufigen Tiefpunkt seines Werdens als Region erlebte, trat mit den Ereignissen des Herbstes 1989 eine ganz neue, gesamtdeutsche und auch weltpolitische Konstellation ein. Der Glücksmoment des Mauerfalls, für das Revier kam er zum denkbar ungünstigsten Zeitpunkt. Die Opferlaterne brannte nun woanders, wie sich auch der Subventionsfokus für lange Jahrzehnte vom tiefen Westen gen neuen Osten verschob. Wenn politisch fortan blühende Landschaften verheißen wurden, dann nicht primär im Ruhrgebiet. Der Totalsanierungsfall Revier drohte in den freien Fall überzugehen.

Doch getreu einer weiteren Höderlin'sche Prophetie, »Wo aber Gefahr ist, wächst das Rettende auch«, war es just in dieser Phase tiefster Verdüsterung, da Ganser und Zöpel mit den Mitteln eines einzigen Gedankenfunkens ein neues Feuer im Pott entfachten, das im Verlauf der folgenden beiden Jahrzehnte dem gesamten Ruhrgebiet ein neues Selbstverständnis nahelegen sollte. Der städtebauliche Impuls der beiden knüpfte an die alte Rede von einem Regionalverband Ruhr an. Gleichsam als bündige Schließung einer gut 100 Jahre alten Vision wurde unter dem Label »Ruhr.2010« Essen, stellvertretend für die 53 Städte des Reviers, zur Kulturhauptstadt Europas ernannt. Dieses Metropolenfest liegt bereits mehr als zehn Jahre zurück. Die Ursprünge der IBA gar mehr als 30 Jahre.

Und heute?

IV

WAT SOLL DAT DENN WERDN, WENNS FETTICH IS?

DER WILLE ZUR ZUKUNFT

> Wir stehen auf einem Gebirgspaß mitten in wirbelndem Schnee und blendendem Nebel, durch den wir dann und wann einen flüchtigen Blick erhaschen auf Pfade, die vielleicht trügerisch sind. Bleiben wir stehen, so erfrieren wir. Schlagen wir einen falschen Weg ein, so werden wir zerschmettert. Wir wissen nicht sicher, ob es überhaupt einen rechten gibt. Was sollen wir tun? Stark und guten Mutes sein! Zum Besten handeln, das Beste hoffen und nehmen, was kommt … Wenn der Tod allem ein Ende macht, können wir ihm nicht besser entgegengehen.[1]

Sätze wie eigens erdacht für diese unheimlichen Monate, in deren Verlauf jeder Einzelne sich Tag für Tag durch den pandemischen Risikonebel tastet. Aus der natürlich verengten Sicht eines Metropolenschreibers erscheinen diese Sätze aber auch wie ein allegorischer Lagebericht des Ruhrgebiets und seiner Menschen. Das Sprachbild des Höhenpasses muss einfach auf die Situation »unter Tage« übertragen (*wir stehen mehrere Hundert Meter unter der Erde in einem Schacht*) sowie der Bergsteiger durch den in Not geratenen Bergmann ersetzt werden (*Bleiben wir stehen, so ersticken wir, schlagen wir den falschen Weg ein, so werden wir eingeschlossen*), und schon hat die betreffende Passage in Sachen Revier seit Jahrzehnten nichts an Präzision und Dringlichkeit eingebüßt.

Es ließe sich aber noch einen Deutungsschritt weiter gehen. Denn in vieler Hinsicht ist das Ruhrgebiet ein Beispiel für die Notwendigkeit einer Transformation, welche die westliche Moderne des fossilen Kapitalismus in den kommenden Jahrzehnten zu bewältigen haben wird. Die Fragen des Ruhrgebiets sind somit als unser aller Fragen, ja als die planetarischen Zukunftsfragen schlechthin zu erkennen. Vor diesem Hintergrund kann das Ruhrgebiet als Schlüsselregion für die Zukunftsfähigkeit unserer Lebensform auf diesem Planeten betrachtet werden. Denn seit mindestens 50 Jahren steht dieses Revier für die letztlich übermenschliche Aufgabe, einer ganzen Region – gar einer ganzen Zivilisation – eine »neue Lebensauffassung«[2] zu geben. Die Option eines schlafwandelnden Zurücks existiert dabei ebenso wenig wie die des Innehaltens oder Abwartens.

Sofern man nur den Mut findet, ehrlich zu sein, bedeutet das in der jetzigen Situation aber auch: In Wahrheit wissen wir weder, ob es überhaupt einen rechten Weg nach vorne gibt, noch, wie er sich konkret gestalten ließe. Vor diese Fragen, vor diesen Abgrund haben wir uns selbst gestellt, auch wenn er sich mit dem Schrecken einer ganz und gar äußeren Schicksalhaftigkeit vor uns auftut.

Nichts ist unangebrachter und also verführerischer, als in solch einer Situation eine selbstgewisse Checker-Pose einzunehmen und vorzugeben, sämtliche Antworten und Lösungswege bereits zu kennen. Die beunruhigende Leerstelle derzeitig leitender Transformationsdiskurse bestünde, so betrachtet, nicht etwa darin, die kommenden Schwierigkeiten unnötig zu dramatisieren, sondern in der bewussten Täuschung, auch nur annähernd angeben zu können, wie sie konkret zu durchschreiten wären.

RADIKALE HOFFNUNG

Die eingangs zitierte Passage von der Gratwanderung auf vernebelten Pfaden bildet übrigens den furiosen Abschluss einer philosophischen Vorlesung, die der US-amerikanische Psychologe und Pragmatist William James im Jahre 1885 vor einem Laienpublikum unter dem Titel *The Will to Believe* hielt. Entgegen gängigen, insbesondere naturwissenschaftlich geprägten Reinheitsidealen des Erkennens, argumentiert James darin, sind wir als Handelnde vollauf berechtigt, in unserer Selbstbestimmung von bestimmten Fakten oder Möglichkeiten auszugehen, auch wenn die entsprechende Evidenz für deren Bestehen nicht oder noch nicht vorliegt. Und dies vor allem in Situationen – nach James den eigentlich entscheidenden unseres Werdens –, die ebenso unausweichlich wie unaufschiebbar nach einer Entscheidung verlangen. Auf Gemeinschaften und Kollektive bezogen also das entschlossene Einschlagen eines neuen, höchst ungesicherten und bislang unkartierten Weges, sagen wir: als utopischer Exodus, als lebensweltliche Neubestimmung, als radikale Umdeutung vormals sichernder Identitätskerne.

So nostalgisch befangen das Ruhrgebiet sich derzeit auch zeigen mag, als Region zu Beginn der 2020er-Jahre eignet ihm doch etwas Wegweisendes, ja geradezu Visionäres. In Anlehnung an eine jüngere Veröffentlichung des US-amerikanischen Philosophen Jonathan Lear könnte man ihn den Weg der »radikalen Hoffnung«[1] nennen.

Dieser Weg der radikalen Hoffnung ließe sich in der Rückschau eines halben Jahrhunderts für das Ruhrgebiet wie folgt rekonstruieren: Mitte der sechziger Jahre wurden sich die Weisesten und Vorausschauendsten unter den Kumpeln, Bergbauassessoren und Politikern bewusst, dass ihre traditionelle Lebens- und Arbeitsweise zu Ende gehen würde.[2] Und dass es letztlich nichts gab, was sie tun konnten, um dieses Schicksal abzuwenden. Die Vorstellung davon, wer man war, ist und sein wollte, war indes aufs Engste mit dieser Arbeitsform verbunden. Sie bestimmte den Horizont sinnvollen Lebens in den Zonen des heute sogenannten Reviers.

Damit entstand für die betroffenen Gemeinschaften und Gemeinden eine Situation, in der man radikal unwissend war, worauf man seine Hoffnungen und Absichten richten konnte. Es waren Veränderungen nötig, die alles überstiegen, was man sich zu dieser Zeit imaginieren konnte. Sicher war für die Klarsichtigen nur, dass man sich der Zukunft nicht in gleicher Weise würde stellen können, in der dies bislang möglich gewesen war. Es konnte nun nicht mehr darum gehen, die nächste Zeche zu retten oder gar zu bauen, das nächste Abbaugebiet zu erschließen, das nächste Kohlekraftwerk zu planen. Vielmehr musste alles getan werden, um die eigene Vorstellungskraft für radikal andersartige zukünftige Möglichkeiten zu öffnen.

LEBEN, NICHT ÜBERLEBEN

Wie ungeheuer schwer diese Situation umfassender Orientierungslosigkeit und die damit verbundene Zumutung eines freien Sich-fallen-Lassens in eine ungewisse Zukunft ist, zeigt sich ebenfalls beispielhaft am Revier. Schließlich standen die gesamten politischen Anstrengungen der Region für mehr als 20 Jahre zunächst im Zeichen einer mehr oder weniger konsequent illusorischen Verweigerung des genannten Befundes. Selbst in der Jetztzeit ist die Haltung nicht vollends überwunden – im Mai 2020 ging das Kohlekraftwerk Datteln IV im nördlichen Ruhrgebiet neu ans Netz.

Im Zusammenhang aber noch wichtiger: Das heutige Ruhrgebiet ist ein lebendiges Beispiel für die Möglichkeit einer faktisch vollzogenen Wandlung. Und zwar einer Wandlung, deren konkrete Ausrichtung zum Zeitpunkt der Einsicht in die Notwendigkeit in ebendiese Wandlung nicht einmal die prophetischsten Geister zu erträumen vermochten. Ja, womöglich war es gerade die faktische Phantastik dieser Wandlung – verseuchte Industriebrachen zu Umweltschutz- und Naherholungsgebieten, lärmbetäubte Zechen zu Orten kultureller Besinnlichkeit –, die den zunehmend bürgerlichen Milieus im Nachhinein eine paradoxe Identifikation mit der Existenzweise »Unter Tage« nahelegte, die von den Kumpeln selbst nur bedingt als eine des »guten« und »wünschbaren« Lebens erlebt und beschrieben wurde. Was wiederum keineswegs bedeutet, dass die Bergleute des Ruhrgebiets im Laufe ihrer Arbeitsjahrzehnte nicht ein eigenes Ethos ausbildeten, für dessen Erhalt es sich – ganz einfach weil es das eigene war – zu streiken und wenn nötig sogar bis zum gemeinsamen Untergehen zu kämpfen lohnte.

Denn auch für diese Einsicht in das menschliche Dasein steht die Erfahrung der mythischen Kumpelgeneration und deren Familien in den vergangenen Jahrzehnten: reines, gleichsam nacktes Überleben unter den Bedingungen einer völligen Entwurzelung ist kein möglicher Horizont kultureller Existenz. Um es mit den Worten des bereits erwähnten Philosophen Jonathan Lear in dessen Werk *Radikale Hoffnung – Ethik im Angesicht kultureller Zerstörung* zu sagen:

> Wenn alles, was mir wichtig ist, alles, was ich als kostbar erachte, alles, was ich an mir selbst als wertvoll und lebenswert ansehe – wenn all das zunichte wird, dann ziehe ich es vor … ein Märtyrer für diese (im Untergang begriffene) Lebensweise zu werden. Soll ich weiterleben, so muss ich einen wirklichen, eindeutigen und ehrenwerten Weg vor mir sehen. Ich muss also einerseits den Bruch erkennen, der mir bevorsteht – ob ich mag oder nicht – es wird zu einer radikalen Wende kommen. Andererseits muss ich über diesen Bruch hinweg ein Maß an Integrität erhalten. Mancher Ausgang wäre schlimmer als der Tod.[1]

Was hier formuliert ist, taugt auch als Maßstab einer Form von Strukturwandel, der so umfassend und tiefgreifend ist, dass er notwendig entwurzelnd wirkt. Und er kann damit auch eine Bewertungsgrundlage von Gelingen oder Scheitern bilden, die quer zu den gängigen, rein quantitativen Kriterien von Arbeitslosenzahlen, Lohn- oder Bildungsniveau und CO_2-Bilanzen steht. Man könnte ironisch von einem »Entwurzelungsindex« oder auch »Schlafgebietsquotienten« sprechen und davon ausgehend erkunden, in welchem Maße es eine Region, Gemeinschaft oder auch eine ganze Kultur vermochte, die beschriebenen Traumata und Abbrüche zu moderieren oder gar für neue Hoffnungshorizonte zu öffnen.

ERDEN-KUMPEL

Wie ist das dem Ruhrgebiet gelungen? Wie haben die Familien, die seit Jahrzehnten im heutigen Revier leben, diesen Bruch im Dialog der Generationen erfahren und verarbeitet? Und wäre es nicht so, dass der Abbruchshorizont, der ab Mitte der sechziger Jahre das Denken, Handeln und auch Fühlen des Ruhrgebiets bestimmte und bis in die letzten Subjektivitätsritzen seiner Bewohner vordrang, mittlerweile ein Horizont ist, der heute einen ganzen Zivilisationsraum betrifft, ebenjenen Zivilisationsraum, für dessen schmerzhafte Geburtswehen und rücksichtsloses Ausbeuten von Natur und Mensch das Ruhrgebiet bis heute beispielhaft steht?

Auch wir, die NormalkonsumentInnen der westlichen Wohlfahrtsstaaten im ausgehenden fossilen Kapitalismus, wissen derzeit nur eines sicher: Dass wir uns der Zukunft nicht auf jene Weise stellen können, die uns bisher offenstand. Dass wir also tun müssen, was in unserer Macht steht, um unsere Vorstellungskraft für radikal andersartige zukünftige Möglichkeiten zu öffnen. Und dies zu einem Zeitpunkt, da jeder mündige Geist unserer Zeit anerkennen müsste, kein gesichertes Wissen darüber zu haben, worauf wir unsere Hoffnungen und Absichten richten könnten.

Anders gesagt: Soweit es den Zukunftshorizont unserer jetzigen Lebensform betrifft, sind wir im Moment alle Bergleute der sechziger Jahre. Ins Produktive gewendet bedeutet dies: Das Ruhrgebiet hat bereits einen Prozess, einen Weg, einen Kampf hinter sich, den die meisten anderen Regionen dieses Landes und Kontinents noch vor sich haben. Und doch ist es immer noch da, beziehungsweise seitdem überhaupt da. Zumindest partiell ist es dem Revier zudem gelungen, sich im Angesicht seiner totalen Entwurzelung und wirtschaftlichen Zerstörung neu zu erdichten. Wie es nun weitergehen soll, weiß dieses Revier derzeit indes genauso wenig wie der Rest der ihn umgebenden Regionen, der Rest der Welt.

DAS REVIER DER MEERRABEN

Nach gut einer halben Stunde vom Baldeneysee flussabwärts Richtung Mülheim, vorbei an prächtigen Schlössern, Burgen und Golfplätzen sowie den Standup-Paddlern von Kettwig, die das Promenadenpublikum ein ums andere Mal mit ureigenen Absturzgags erheitern, findet die Ruhr in schmalem Verlauf zu neuer Ruhe, ja erscheint in ihren weiten Windungen bald als stehendes Gewässer. Selbstzufrieden schnurrt der Elektromotor uns vorbei an tropengrünen Böschungen, die in ihrer Vitalität den gesamten Fluss zu überwachsen drohen. Hätte man mich vor 24 Stunden mit verbundenen Augen in ein Flugzeug gesetzt und nun spontan raten lassen, wo ich mich im Moment wohl befände, der Tipp wäre auf den australischen Murray River, den Kinabatangan in Malaysia oder einen ungewöhnlich schmächtigen Amazonasausläufer gefallen.

Mein großzügiger Gastgeber und heutiger Kapitän, mit nagelneuem Gefährt und frisch erworbenem Bootsführerschein selbst auf einer Art Jungfernfahrt, erläutert die spezifischen Anlegeverbote und komplexen Vorfahrtsregelungen in gerade diesem, seit langem zum Naturschutzgebiet erklärten und wohl schönsten Teil des Ruhrlaufes. Linker Hand ruht ein mehrere Hundert Exemplare starker Verbund mächtiger Seevögel auf Uferfelsen. Einige tiefschwarz, andere anthrazit schimmernd. »Kormorane«, erklärt der Kapitän, gut lateinisch auch Meerraben genannt (*corvus marinus*). Seit mehr als 23 Millionen Jahren bevölkern sie diesen Planeten, seit mehr als zwei Millionen hiesige Gefilde. Vor 100 Jahren fanden sich diese Fischfänger an der Ruhr indes nahezu ausgerottet. Mittlerweile zählen sie neben dem Eisvogel, dem Graureiher und dem Haubentaucher wieder zu den reichlichen ornithologischen Schätzen hiesiger Schutzgebiete.

Der Kormoran und sein Revier. Zwei Millionen Jahre hier ansässig, in kaum 50 Jahren von uns Industrie-Menschen nahe an die Extinktion geführt: Verwurzelung und annähernd totale Entwurzelung in einem Zeitverhältnis von 40 000:1.

Der Mensch als einziges Lebewesen, das vermeint, die Lebenszeit raffen zu müssen, weil es schon im Kindesalter begreift, dass die seinige endlich ist. Selbst in seinem edelsten Weltrettungsbemühen kann es nicht von dieser Hast lassen. Immer ist das Ende nah, droht es gar unmittelbar. Weshalb natürlich unverzüglich gehandelt werden müsse, sonst sei für die Zukunft ganz gewiss alles verloren.

Was »die Zukunft« und das »alles« in diesen Mahnungen genau bedeuten mag, wird ob der gebotenen Eile nie näher ausgeführt.

Ob es die Kormorane wissen? Und falls dem so ist, ob sie meinen Fragen antworten wollten? Es ist nicht zu hoffen. Womöglich sprechen die anderen Tiere ja nur deshalb nicht mit uns, weil ihnen die Zeit dafür noch nicht reif scheint. Weil sie, wenn überhaupt, nur die Furcht des Moments kennen, nie aber die Angst vor Endlichkeit. Weil für sie und die Ihren jeder Tag der jüngste ist, und also keiner der letzte. Weil sie in ihrer fraglosen Lebendigkeit, im Gegensatz zu uns, noch alle Zeit der Welt vor sich spüren.

ANFÄNGE

Nur noch wenige Bojen bis zu dem Acker, wo der Legende nach alles seinen Anfang nahm, als ein pflügender Bauer des frühen 13. Jahrhunderts auf die ersten

Kohlen des Reviers stieß. Gerade einmal 800 Jahre ist das her. Was hieße es, von heute aus dieselbe Spanne geistig vorzuspulen und dabei als Idealzustand die Kormorankolonie an der unteren Kettwiger Ruhraue vor Augen zu haben? Also ein Revier zu prophezeien, in dessen Dereinstigkeit diese majestätischen Vögel noch immer in aller Seelenruhe ihrem jeweils nächsten Tauchfang entgegendämmerten. Ein Ruhrgebiet, in dem man sich, im Jahre 2021, ganz bewusst entschieden hätte, überall auf der Welt mit Projekten einer umfassenden Renaturierung Ernst zu machen und also größere, auch dicht besiedelte Gebiete schrittweise wieder dem Prozess natürlichen Werdens zurückzuverantworten.

Nach einem ausführlichen und global konsensuellen Verfahren wäre die Erstauswahl dabei nachvollziehbar auf das Ruhrgebiet gefallen, als der noch immer tief klaffenden Ökowunde mitten im aufgeblähten Bauch ebenjenes Kontinents, vom dem aus das »alles« begann: Seht, wir geben ein ganzes verheertes Raubbaugebiet dem großen Werden zurück! Und zwar nicht etwa im Zeichen der Brieftaube, diesem Leinenhund der Lüfte, und auch nicht im Zeichen des Kanarienvogels und seines todesnahen Verstummens, nein, wir tun es im Zeichen des grau-schwarz schimmernden Kormorans: des wahren Vogels und Hüters dieses Reviers.

Besagtes Projekt eines post-anthropozänen Modellgebiets Ruhr wäre natürlich mit einer nachhaltigen

Ausschleichung der dort ansässigen Menschen verbunden sowie dem sukzessiven Einstellen allen Steuerns und Eingreifens, selbst des Schützens und Bewahrens – sowie natürlich auch des Abpumpens. Mehr als ein Fünftel des Potts wäre also von einer neuen, dann kaum noch toxischen Seenplatte überdeckt. Die zugelassene Gesamteinwohnerzahl aber dauerhaft auf den Stand des Jahres 1221 n. Chr. fixiert.

In diesem neuen »Revier der Meerraben« wäre dem Menschen allenfalls in kleinen Sippen und Kolonien eine eher nomadisierende Ansiedlung erlaubt. Und sein Wirtschaften wie bei indigenen Naturvölkern ganz auf die nachhaltige Deckung leiblicher Grundbedürfnisse beschränkt. Das wiederum ist eine Lebensweise, die nicht unähnlich ist zu der heutigen in dieser Gegend, jedenfalls auf den Campingplätzen der unteren Kettwiger Auen, in der Nähe der Kormorane. Der gesamte Rest heutiger Ruhris aber hätte sich, in einer bislang ungesehenen, wahrhaft übermenschlichen und gerade deshalb endgültig befreienden Geste kreatürlichen Großmuts freiwillig und voller Stolz ein letztes Mal aus dem Revier entwurzelt.

Tausend Flussgeister tanzen in der Sonne. Ich wage es nicht, die Kormorane mit meiner Moment-Vision zu behelligen. Genauso wenig wie meinen Kapitän. Dafür ist dieser Augenblick viel zu unschuldig. Und unsere Fahrt ihrem Ende viel zu nah.

ESSEN IN DÜSSELDORF

Je intensiver man sich mit der Zukunft des Ruhrgebiets beschäftigt, umso unabweisbarer wird die Vermutung, die einzig tragfähige Lösung werde in dessen freiwilliger Auflösung bestehen. Auflösung des Gebiets als eigenständigem politischen Subventionsadressaten. Ablösung von der fixen Idee, im Sinne seiner Bewohner weiterhin als solches existieren zu müssen. Befreiung von der kollektiv gewordenen Zwangsvorstellung, so etwas wie einen benennbaren Identitätskern zu besitzen sowie im konkreten Erleben jemals besessen zu haben. Das Ganze umgesetzt in der Art einer fortdauernd öffentlichen Gesprächstherapie, mit dem WDR und seinen sage und schreibe drei Landesstudios Ruhr (Duisburg, Essen, Dortmund) als Hauptsponsor unter den Mitmachmottos »Wir ohne Revier« und »Zukunft statt Nostalgie«.[1]

Ganz und gar nicht nostalgisch geht es derweil an der langen Tafel eines Düsseldorfer Innenstadtitalieners des leicht gehobenen Preissegments zu. Wie zum sozialen Abschluss meines Metropolenschreiberdaseins finde ich mich in Gesellschaft einer Großfamilie wieder, deren Zusammensetzung einen Romancier gewiss zu einer buddenbrookartigen Erzählung der Nachkriegsdynamiken im Revier animieren würde.

Drei volle Ruhri-Generationen gemeinsam versammelt an einem Tisch, um das C-Jugend-Debüt des

Jüngsten im Trikot des VfL Bochum gegen Borussia Mönchengladbach zu feiern.

Der Großvater, an die achtzig und von erschütternder Rüstigkeit, hat über fünf Jahrzehnte in Oberhausen einen Maler- und Lackierbetrieb mit bald überregionalem Einzug aufgebaut. Die Hälfte dieser Zeit war er auch als SPD-Mitglied auf Orts- und Kreisebene aktiv. Mittlerweile verwitwet und in neuer Lebensgemeinschaft mit einer Dame aus dem Rheinland, ist er nach Übergabe des Betriebs an seine Tochter, einer in Essen diplomierten Betriebswirtschaftlerin, nach Düsseldorf übergesiedelt. Das Oberhausener Unternehmen floriert noch immer und trotzt, wie die gesamte Baubranche, tapfer der heiligen Corona, ja sieht sich in seiner fortschreitenden Spezialisierung auf Fitness-Studios gar in einem nicht zu bewältigenden Auftragsschub, da sämtliche Einrichtungen des Gebietes ihre teilsubventionierte Zwangspause zur Auffrischung der Räumlichkeiten nutzen. Der aus Nordbaden eingeheiratete Schwiegersohn, einst mein bester Schulfreund, hat sich als bald eigenständiger Teil des Firmenkonglomerats auf umweltfreundliche Beschichtungssysteme und Energiesparfarben spezialisiert, die er mittlerweile global vertreibt und in eigenem Labor weiterentwickeln lässt. Auch der Patenonkel sitzt zur Feier des Tages mit am Tisch, ein selbstständiger Projektmann, dessen Unternehmen Veranstaltungen plant und organisiert sowie Messen, Ausstellungen und Events mit mobilen Cateringangeboten versorgt. Um seinen Laden über Wasser zu halten, hatte er die letzten Monate besonders findig zu agieren. Muss ja.

Die gewiss viel zu allgemein gestellte Frage, wie man die Zukunft des Ruhrgebiets derzeit sehe, beantwortet der Tisch vielstimmig. Der *pater familias* setzt für den Anfang eine Geste, die für mich über die Monate als eine Art potttypische Standardantwort zu identifizieren war, wann immer das Gespräch auf das Revier kam: Er winkt wiederholt und heftig ab. Nicht ohne den Verweis, bezüglich dessen, was hier die letzten Jahrzehnte von den Politikern verbockt worden sei, wisse er Geschichten zu erzählen, die ihm sowieso keiner glauben werde, weshalb er sie lieber für sich behalte. Die Tochter, gewiss nicht zum ersten Male in dieser Dynamik, betont dem Fremden gegenüber indes die oft verborgene Schönheit und Lebensqualität im Pott, für die sie, wie ihre Herkunft allgemein, einfach nur Stolz und Dankbarkeit empfinde. Berlin, das habe sie schnell gemerkt, sei jedenfalls nichts für sie, und Hamburg schon gar nicht. Es fehle dort das Menschliche.

Eher maulig führen die beiden Herren darauf aus, wie sehr es sie nerve, als Geschäftsleute den Ruhri-Aufkleber auf die Stirn geklebt zu bekommen, was sich, einmal abgesehen von den immer gleichen Witzen und Klischees, auch für den konkreten Fortgang der Verhandlungen nicht immer hilfreich erweise. Der Jüngste, einziger Vegetarier am Tisch, aber zuckt im

Trainingsanzug des VfL Bochum bei der Frage nach seiner etwaigen Ruhridentität nur mit den Schultern. Sehr viel wisse er damit nicht anzufangen, eigentlich habe er sich die Frage überhaupt noch nicht gestellt. Nicht einmal in Bezug auf Fußballvereine. Er würde sich ohnehin nicht als Fan irgendeines Vereins verstehen, sondern liebe einfach das Spiel an sich.

Stille. Was bliebe bei einem derart früh gereiften, trans-tribalen Universalismus der reinen Spielfreude auch noch weiter zu klären? Ob er derzeit bei der Jugend des Reviers besonders tief entwickelt wird? Schöne Frage.

FAMILIENÄHNLICHKEITEN

Um zu erläutern, wie vielfältig Gebrauch und Bedeutung selbst elementarster Begriffe unserer Sprache in Wahrheit sind, führte der Philosoph Ludwig Wittgenstein einst den Begriff der »Familienähnlichkeiten« in die Philosophie des Sprechens ein. Und verdeutlichte dessen Witz und Wucht am Beispiel des Wortes »Spiel«.

Wie zum Beispiel bringt man, fragt sich Wittgenstein, einem jungen Menschen wohl am besten die korrekte Verwendung des Wortes »Spiel« bei?[1] Nun, indem man ihn mit den verschiedensten Spielen unserer Lebensform vertraut macht: Da gibt es Mensch ärgere Dich nicht und Patience, Indiaca und Schach, Fußball, Pantomime und Versteck, das Spiel des Lichts mit den Wellen und das der Katze mit der Maus … Das alles, und noch vieles mehr, nennen wir also »Spiel« und »spielen«. Doch wer nun nachfragte, was alle diese Spiele wohl miteinander gemeinsam haben, wird nach Wittgenstein bei näherem Beobachten auf keine allen Spielen gemeinsame Eigenschaft treffen, sondern vielmehr auf ein vielfältig miteinander verknüpftes Netz von Übergängen und Ähnlichkeiten, Nähen und Fernen, ganz ähnlich den Mitgliedern einer weit verzweigten Familie, die sich wahlweise in Aussehen, Eigenarten, Sprachmelodie oder Charaktereigenschaften ähneln mögen, ohne dass da etwas wäre, was nun sämtlichen ihrer Mitglieder benennbar gemeinsam wäre.

Dieser Gedanke ließe sich vielleicht auch auf die über 50 Städte und Gemeinden der sogenannten Metropolenregion Ruhr übertragen, sagen wir, als je eigenständige Mitglieder eines früh entwurzelten, oft nur weitläufig miteinander verwandten Ruhr-Familien-Clans, von denen jeder einzelne Spross mittlerweile seine ganz eigenen Projekte, Schwerpunkte und Innovationsoffensiven pflegt, ohne dabei einer einheitlichen Logik oder gar den konkreten Ansagen des einen, alle schützenden und alle befehligenden Familienoberhaupts zu folgen. Das Ruhrgebiet als ein bunt schimmerndes Textil, das seine auffällige Reißfestigkeit gerade daraus gewinnt, aus verschiedensten kleineren Fäden ineinander gewunden zu sein, ohne dass da ein einziger und einheitlicher Leitfaden hindurchliefe. Als eine bewundernswert windfest züngelnde Flamme, die sich geschmeidig jeder Fixierung entzieht, wann immer man sie eigentlich zu fassen kriegen will.

Weniger poetisch und dafür politisch formuliert: Gerade ob seiner internen Vielfältigkeit wie auch sozialen und ökologischen Abgründigkeit steht das »Ruhrgebiet« als Wort öffentlichen Gebrauches in der Gefahr, zukünftig vorrangig im Sinne der Subventionserheischung Verwendung zu finden. Und damit einer diskursiven Drift zu erliegen, die der faktischen Widerständigkeit der Region wie auch den wegweisenderen Fäden ihres Selbstverständnisses in geradezu tragischer Weise entgegensteht.

Nein, auf diesen Pott passt, wohl seit Jahrzehnten, kein schließender Deckel mehr. Weder kulturell noch industriell, weder politisch noch ökonomisch. Es sei denn in der Haltung einer nostalgisch verklärten Rückschau, die auch weiterhin mit dem Rücken zur Zukunft voranzuschreiten gedenkt.

EIN NEUES EPOS?

Die seligen Zeiten des einen, einzigen und einheitlichen Ruhrgebiets und seines spezifischen Ethos aus ehrlicher körperlicher Arbeit, anpackendem Wir-Gefühl und mitreißend solidarischer Alltagsbejahung scheinen also in einer Weise verloren, die eine zukünftige Entwicklung des Reviers selbst dann nicht produktiv anzuleiten wüsste, wenn es diese Zeiten jemals gegeben hätte.

Andererseits: Bestünde die eigentliche befreiende Leistung im Falle des Ruhrgebiets nicht gerade darin, den Blick dafür zu schärfen, was es mit diesem Revier und Landstrich, seinen Menschen und Sitten seit mehr als 100 Jahren so unabweisbar Besonderes auf sich hat? Schließlich fühlt es sich – und jeder und jede, der oder die in ihn hinabsteigt, erfasst es sofort – besonders an, in diesem Pott zu leben und zu sein, zu sprechen und zu feiern, zu fahren und zu radeln, zu streiten und zu klagen. Die milchige Dichte seiner Morgen, die übergangslose Enge seiner Städte, die hilfsfrohe Offenheit seiner Menschen, die Direktheit seines Benennens, die unverstellte Hoffnungslosigkeit seiner Hoffenden, das alltäglich Edle seiner Rohheit, seine ungeschminkte Daseinsfreude. Und genauso zweifellos hat es mit der ruhrspezifischen Dialektik von Entwurzelung und Einwurzelung bis heute auch viel Gutes und Wegweisendes auf sich.

Lässt sich all das, was die Identitätsfäden im Revier an Überlebens- und Überlegenswertem hervorgebracht haben, wirklich nicht neu bündeln, kreuzen, verbinden und zu einer neuen, noch resilienteren Textur verweben? Ist das Revier der Gegenwart tatsächlich nicht mehr in der Lage, sich anhand neuer, großangelegter Projekte und Visionen ein weiteres Mal neu zu finden? In etwa so, wie es ihm in der, mittlerweile gewiss ebenfalls mythisch überhöhten, Form der IBA zu Beginn der Neunziger gelang?

Will dieses Revier, fordernder gefragt, wirklich die ihm mitgegebene Chance oder Verantwortung verneinen, die es aufgrund seiner spezifischen Erfahrungen und bis heute klaffenden Wunden zu einer Beispielregion für ein ganzes kommendes Zeitalter des Strukturwandels macht? Und zwar im Sinne heute noch unabsehbarer Chancen wie auch bleibender Grenzen und wesenhafter Bedingtheiten? Ist es nicht geradezu dazu prädestiniert, für uns alle den Abschied von der fossilen Moderne und ihren männlich codierten Leitwerten zu verkörpern, die Transformation von einer energieexpansiven Arbeits- zu einer nachhaltigen Wissensgesellschaft zu vollziehen, weiterzuschreiten von ökologischer Verheerung zu Revitalisierung, von der Entwurzelung derer, die vor Krieg und Hunger hierhin flohen, zu deren Einwurzelung in selbstgewähltem Bleiben und tätiger Sorge?

BERGE BAUEN

Solch eine neue »Ruhrtopie« müsste die Region einerseits tiefer vernetzen und gleichzeitig ihre immer schon porösen Grenzen in alle Himmelsrichtungen lockern. Sie müsste die Elemente der schweißfrohen Leiblichkeit sowie inklusiven Emotionalität, wie sie die hiesige Fußballkultur heute beispielhaft prägt, auf andere Formen der Gemeinschaftsbegeisterung zu übertragen. Sie hätte die immer schon falsche und gerade für das Ruhrgebiet missliche Grenze zwischen Hochkultur und Volkskultur, zwischen Pop und Klassik, zwischen Kult und Avantgarde in Weisen zu verwinden, die weit über festspielgängige Oberflächenmätzchen hinausgehen, ein Barockorchester in einer Autowerkstatt auftreten zu lassen. Genauso wie sie Widersprüche zwischen Handwerk und Bildung, Großunternehmen und Tüftlertum, tätiger Solidarität und mutigem Eigensinn als nur scheinbar existierend erwiese. Sie müsste die faktische Zersiedeltheit des Gebiets nicht als zu überwindendes Hindernis auf dem Weg zur wahren Metropole begreifen, sondern gerade das Polyzentrische des Reviers als eigentlichen Standortvorteil zum Leuchten bringen. Sie müsste den Mut finden, der Welt gerade ihre klaffenden Wunden und tiefsten Narben zu zeigen – denn sie sind unser aller Zukunftswunden.

Solch ein Projekt käme einer neuen Form des Bergbaus gleich. Nur, dass es dieses Mal in Richtung neue Höhen anstatt uralte Tiefen ginge. Um sich als eine Region auf diesen neuen Weg zu begeben, brauchte es nicht unbedingt eine wahrhaftige Olympia-Bewerbung, wie sie dem Ruhrgebiet des Jahres 2020 in Gestalt einer »Rhein-Ruhr-City 2032« mit breiter Unterstützung angetragen wurde. Aber es würde, sagen wir, für einen neuen Anlauf 2036 oder 2040 auch nicht notwendig schaden. Zumal gerade dieses Revier aus dem Schatze seiner mehr als hundertfünfzigjährigen

Trauma-Geschichte der gleich alten olympischen Bewegung wertvolle eigene Akzente hinzuzufügen wüsste. Im Ruhrgebiet würde Olympia sich nicht nur in einer Weltgegend wiederfinden, die unter dem Imperativ des »Höher, Schneller, Weiter« fast die Bedingungen ihres eigenen Überlebens verschwitzt hätte, sondern als Region der lebensfeindlichen Superlative gleichsam auch noch den eigenen Tod zu überleben verstand. Die megalomanen Olympier unserer Tage könnten sich im Rhizom des Reviers auf neue Wurzeln besinnen und lernen, fortan nachhaltiger, gelassener und dichter zu wachsen. Grundiert fände sich dieser neue Bergbau dabei von einer Umdeutung der klassisch olympischen Leittriade des »Civius, Altius, Fortius« zu einem ruhrseligen »Civitas, Alteritas, Fortuna«, nicht einmal allzu frei übersetzt als »Bürgersinn, Andersheit, Glück auf!«.

Wo schließlich ist der Sinn für die Kraft von Ehrenamt und zivilgesellschaftlichem Engagement besser aufgehoben als in den vielfältig verstrickten Vereinsnetzen des Reviers? Wo die lebensweltlichen Impulse wie auch die soziale Herausforderung von Andersheit alltäglicher zu erleben als in einem zentraleuropäischen Ballungsraum, in dem mehr als ein Viertel der Bevölkerung eingewandert ist, und in der darüber hinaus gewiss mehr als 50 Prozent der sogenannten Alteingesessenen aus Familien stammen, deren Wurzeln kaum 100 Jahre weit in die braunen, roten und schwarzen Erden des Ruhrgebiets reichen? Und wo, auf eine letzte Schicht, würde der Wert der »Fortuna« und damit eines Gelingens, das nie nur ganz in eigenen Händen liegt, noch inniger verspürt als in den Familien ehemaliger Kumpel, die ihre wesenhafte Ausgesetztheit und Verletzlichkeit im »Glück auf« mit einem eigenen Alltagsgruß bejahen?

POTT-LUCK

Im olympischen Dorf mit eigenem Magnet-Schwebe-Bahnhof, gleich einem luftigen Wohnband direkt über die A40 gespannt, wird also die Jugend der Welt im Jahre 2040 über Wochen einen weltoffenen Pott-Luck feiern. Jeder und jede bringt seine und ihre Spezialität nach Essen mit. Alle werden an den Gaben der anderen satt. So wie einst schon 2010, zur mirakulösen Autobahnspeisung der Hunderttausend, als der eigentlich erinnernswerten Love Parade des Reviers.

Im Endspiel des olympischen Frauen-Fußball-Turniers wird Ajala Rothmann-Goosen aus Selm (she/they), seit Jahren schon Star des Super-League-Serien-Siegers Westfalia Herne, unter nicht enden wollendem Jubel das deutsche Team mit einem wuchtigen Volleyschuss zum Titel geschossen haben. Direkt im Anschluss an eine Live-Lese-Performance der Bottroper Protokolle in allen großen Weltsprachen würde bei der Abschlusszeremonie im Ruhrstadion, das wirklich wieder so heißt, ein greiser Herbert Grönemeyer in buddhistischer Mönchskutte seine Karriere mit »Currytofuwurst« beenden, um dann als Zugabe sich und uns allen noch ein letztes Mal »Bochum« zu gönnen (obwohl es mit den Verantwortlichen des WDR eigentlich anders abgesprochen war). Über der Arena tanzt derweil ein freies Flugballett aus Kormoranen, Kanarienvögeln sowie KI-Drohnen in Brieftaubengestalt, bis die parteilose Bundeskanzlerin Luisa Neubauer-Goretzka die Spiele mit dem Simone-Weil-Zitat »Denn nie wird eine Handlung ausgeführt, wenn die Beweggründe fehlen, die imstande sind, die unerlässliche Energie dafür zu liefern«[1] für beendet erklärt. Das Feuer erlischt. Und die Sonne des Reviers steigt ein weiteres Mal hinab, um bei seinen Göttern neue Kraft zu schöpfen.

»Sach ma, spinnste jetzt komplett?«

Stimmen, immer wieder Stimmen. Und Bilder. Nein, ich spinne nicht. Ich wachträume nur. Auf meinem Nebelweg zurück, den Berg hinauf. Ihr hört es doch bestimmt auch immer wieder, gerade in den finstersten Momenten, dieses frohe Zukunftssummen mitten aus eurer Tiefe: »... der Steiger kommt; und er hat sein helles Licht bei der Nacht, und er hat sein helles Licht bei der Nacht, schon angezünd't, schon angezünd't.« Dieses Lied, das habe ich von euch gelernt. In nur einem Jahr. Das klingt jetzt immer mit mir. Das geht jetzt nie mehr weg.

In Wahrheit, möchte ich hoffen, tönt es in uns allen.

ANMERKUNGEN

ABWÄRTS

1 https://metropole.ruhr/metropole (letzter Zugriff 20.06.2021).
2 Vgl. Barbian / Palm (2009), S. 7 ff.
3 Zit. n. ebd., S. 8.
4 Böll (2014), S. 116.

EIN KIND MIT VIELEN NAMEN

1 https://de.wikipedia.org/wiki/Ruhrgebiet (letzter Zugriff 20.06.2021) »Eine allgemein anerkannte Eigenbezeichnung der im Ruhrgebiet lebenden Menschen existiert nicht.«

DU-WEDAU

1 Benjamin (2011), S. 7.

HÖRT DIE SIGNALE

1 Runge (2008), S. 116.

SCHLAFGEBIET

1 Ebd. S. 131.
2 Ebd. S. 131.

ZWEI STÜCKE, LIEGEND

1 Zit. n. Barbian/Palm (2009), S. 8.

ENTWURZELUNGEN

1 Weil (2011), S. 43.
2 Ebd. S. 46.

OHNE GERÜST

1 Weil (2011), S. 44.
2 Ebd. S. 45.
3 Ebd. S. 49.

EINGEHAUCHT

1 Böll (2014).
2 Ebd. S. 117.
3 Böll (2014), S. 117.
4 Ebd. S. 131.
5 Ebd. S. 118.

RUHR UND RÜHRUNG

1 Schiller (2008), S. 732.

JENSEITS VON OBERHAUSEN

1 Zit. n. Ruf (2009), S. 272.
2 Rothmann (2016), S. 237.
3 Rothmann (2015), S. 202 f.
4 Ebd. S. 210 f.

RÜCKKEHR NACH HERNE

1 Biermann (2014), S. 107.
2 Ebd. S. 116.

RUHR UND RESILIENZ

1 Ebd. S. 14.
2 Ebd. S. 252.
3 Ebd. S. 12.
4 Ebd. S. 252.

WOANDERS IST AUCH SCHEISSE

1 Goosen (2012), S. 15 f.

NOWAK ERMITTELT

1 Goosen (2007), S. 216.
2 Ebd. S. 348 f.

SEILTANZ

1 Nietzsche (1983), S. 9.
2 Ebd. S. 12.

SATT IM POTT

1 Goosen (2012), S. 146.

TODESKREISEL

1 Vgl. Biermann (2014), S. 168 ff.

BETONKÖPFE

1 Ebd. S. 196.

DAS RUHR-PARADOX

1 Herbert (2018), S. 1.
2 Zit. n. Biermann (2014), S. 109.
3 Böll (2014), S. 116.

WER WIR WAREN

1 Anderson (2016).

WIR KÖNNEN AUCH ANDERS

1 Die Darstellung folgt hier in wesentlichen Zügen Spörl (2017), S. 183 ff.
2 Herbert (2018), S. 6.
3 Spörl (2017), S. 190, S. 194.

DER WILLE ZUR ZUKUNFT

1 James (2020), S. 18.
2 Vgl. Runge (2008), S. 131.

RADIKALE HOFFNUNG

1 Lear (2020).

2 Die folgende Passage stellt eine annähernd wörtliche Transposition von Lear (2020), S. 144 f. auf die Situation des Ruhrgebiets dar.

LEBEN, NICHT ÜBERLEBEN

1 Lear (2020), S. 145 f.

ESSEN IN DÜSSELDORF

1 Da die Betriebsräte der jeweiligen WDR-Landesstudios dagegen gewiss ihr Veto einlegten, blieb das beschriebene Projekt natürlich bereits im Ansatz zum Scheitern verurteilt.

FAMILIENÄHNLICHKEITEN

1 Wittgenstein (1984).

POTT-LUCK

1 Entwurzelung, S. 175.

VERWENDETE LITERATUR

Christoph Amend, *Wie geht's dir, Deutschland – Was aus dem Land geworden ist, in dem ich aufgewachsen bin*, Hamburg, 2019.

Benedict Anderson, *Imagined Communities – Reflections on the Origin and Spread of Nationalism*, London, 2016.

Jan-Pieter Barbian / Hanneliese Palm (Hg.), *Die Entdeckung der Literatur des Ruhrgebiets*, Essen, 2009.

Walter Benjamin, *Berliner Kindheit um neunzehnhundert* (zweite Fassung), Frankfurt a. M., 2011.

Christoph Biermann, *Wenn wir vom Fußball träumen – Eine Heimreise*, Köln, 2014.

Heinrich Böll, *Im Ruhrgebiet*, in: Chargesheimer, *Die Entdeckung des Ruhrgebiets*, Köln, 2014 (1958).

Frank Goosen, *Pink Moon*, München, 2007.

Frank Goosen, *Radio Heimat – Geschichten von zuhause*, München, 2012 (2010) .

Ulrich Herbert, *Nur noch ein Erinnerungsort – Zum Verhältnis von Vergangenheit und Zukunft des Ruhrgebiets*, Rede am 26.6.2018, Zeche Zollverein, Website des Autors: http://herbert.geschichte.uni-freiburg.de/herbert/beitraege/2018/nur-noch-ein-erinnerungsort-vortragsfassung.pdf (letzter Zugriff 30.06.2021).

William James, *The Will to Believe*, Wroclaw, 2020 (1895).

Jonathan Lear, *Radikale Hoffnung – Ethik im Angesicht kultureller Zerstörung*, Berlin, 2020 (2006).

Friedrich Nietzsche, *Also sprach Zarathustra – Ein Buch für alle und keinen*, Klagenfurt 1983 (1885).

Lutz Raphael, *Jenseits von Kohle und Stahl – Eine Gesellschaftsgeschichte Westeuropas nach dem Boom*, Berlin, 2019.

Ralf Rothmann, *Milch und Kohle*, Frankfurt a. M., 2009 (2002).

Ralf Rothmann, *Junges Licht*, Frankfurt a. M., 2016 (2008).

Oliver Ruf, *Milieu – Schwelle – Memorie – Zur Liminalität des Ruhrgebiets in Ralf Rothmanns Gegenwartsromanen*, in: Barbian / Palm (Hg.), *Die Entdeckung der Literatur des Ruhrgebiets*, Essen, 2009, S. 261–279.

Erika Runge, *Bottroper Protokolle*, Frankfurt a. M., 2008 (1968).

Friedrich Schiller, *Die sentimentalistischen Dichter*, in: *Theoretische Schriften*, Frankfurt a. M., 2008. S. 732–740.

Gerhard Spörl, *Groß denken, groß Handeln – Wandel, Bruch, Umbruch – Wie das Ruhrgebiet sich neu erfindet*, München/Berlin, 2017.

Philipp Ther, *Die neue Ordnung auf dem alten Kontinent – Eine Geschichte des neoliberalen Europa*, Berlin, 2018.

Simone Weil, *Die Verwurzelung – Vorspiel zu einer Erklärung der Pflichten dem Menschen gegenüber*, Zürich, 2011 (1943).

Ludwig Wittgenstein, *Philosophische Untersuchungen*, Frankfurt a. M., 1984 .

DANK

Dieses Buch ist das Ergebnis meiner Zeit als »Metropolenschreiber RUHR«, von Oktober 2019 bis September 2020. Ich danke der Brost-Stiftung sehr herzlich für das gewährte Vertrauen. Mein besonderer Dank geht in diesem Zusammenhang an Prof. Bodo Hombach für ebenso großzügige wie geistreiche Gastfreundschaft, Dr. Boris Berger für souveräne Supervision und Sonja Villarreal für stets zuhandene Hilfe.

Es war ein großes Geschenk, mit derart vorbildlicher Unterstützung das Ruhrgebiet auf eigene Weise erkunden zu dürfen.

Ein besonderer Dank an Tom Müller vom Tropen Verlag für seinen ebenso wachen wie inspirierten Umgang mit dem Manuskript.

Dank an Rainer und Tobias, Christoph und Andreas, Nik und Frank, Vera und Viktor, Markus und Damian, Malte und Sven, Venla und Kaisa, Rocky und natürlich Pia – ohne ihren Beistand wäre dieses Buch so nicht geworden.

Nicht zuletzt möchte ich meinem Amtsvorgänger Lucas Vogelsang sowie Amtsnachfolger Ariel Magnus danken – möge der Marmorpalast immer mit uns sein!